BESSER IN FRANZÖSISCH

WENIGER FEHLER IN KLAUSUREN

von Diethard Lübke

Cornelsen
SCRIPTOR

Gedruckt auf chlorfrei gebleichtem Papier
ohne Dioxinbelastung der Gewässer.

Deutsche Bibliothek – CIP-Einheitsaufnahme

Besser in Französisch. – Frankfurt am Main : Cornelsen Scriptor.
(Lernhilfen von Cornelsen Scriptor)
Weniger Fehler in Klausuren / von Diethard Lübke.
Oberstufe. – 1994
ISBN 3-589-20948-8

4. 3. 2. 1.
97 96 95 94 Die letzten Ziffern bezeichnen Zahl und Jahr des Drucks.

Redaktion: Heike Friauf, Frankfurt am Main
Herstellung: Kristiane Klas, Frankfurt am Main
Umschlaggestaltung: Studio Lochmann, Frankfurt am Main
Satz: FROMM Verlagsservice GmbH, Idstein
Gesamtherstellung: Gutmann Offsetdruck GmbH, Talheim
Vertrieb: Cornelsen Verlag, Berlin
Printed in Germany
ISBN 3-589-20948-8
Bestellnummer 209488

Inhalt

Einführung

Französisch-Klausuren in der Oberstufe werden hauptsächlich nach drei Gesichtspunkten bewertet:

- nach dem Inhalt,
- nach dem Ausdrucksvermögen (Stil),
- nach der Sprachrichtigkeit.

Bei der Sprachrichtigkeit werden alle Fehler (= alle Verstöße gegen den richtigen Gebrauch der französischen Sprache) berücksichtigt. Dazu gehören Rechtschreibfehler, Genusfehler, Grammatikfehler, Präpositionsfehler, Ausdrucksfehler und Wortfehler.

Von deutschen Schülerinnen und Schülern wird nicht erwartet, daß sie fehlerfreie Französisch-Klausuren schreiben! Doch in vielen Französisch-Klausuren ist die Zahl der Verstöße gegen die Sprachrichtigkeit sehr groß. Es ist schade, wenn eine inhaltlich gute Klausur aufgrund der vielen Fehler schlecht bewertet wird.

Diese Lernhilfe will Ihnen Wege aufzeigen, wie Sie die Zahl der Fehler in Ihren Klausuren wesentlich reduzieren können.
Sie trainieren, Flüchtigkeitsfehler zu vermeiden und das einsprachige Wörterbuch effektiv zu nutzen. Die Behandlung typischer Fehlerquellen hilft Ihnen, Ihre Kenntnisse zu überprüfen und Unsicherheiten im Bereich der Grammatik auszubügeln. Zu guter Letzt bieten Ihnen Ausschnitte aus Oberstufen-Klausuren eine authentische Übungsmöglichkeit.

Besonders heikle Grammatik-Themen, wie etwa der *subjonctif*, können in diesem Band natürlich nicht ausführlich behandelt werden. Hier bieten die Grammatik-Bände der Reihe „Besser in Französisch" umfassende Hilfen. Der Band „Besser in Französisch. Grammatik / Oberstufe" (mit Lösungsheft, ISBN 3-589-209488) erscheint 1995.

Flüchtigkeitsfehler vermeiden

Was sind Flüchtigkeitsfehler?

Flüchtigkeitsfehler beruhen nicht auf mangelnden Kenntnissen. Wenn Sie auf Flüchtigkeitsfehler hingewiesen werden, erkennen Sie diese sofort und können die richtige Schreibung oder die richtige grammatische Form angeben, ohne lange zu überlegen.

Wie häufig sind Flüchtigkeitsfehler?

Es gibt individuelle Unterschiede. Im Durchschnitt beruhen etwa 30 % aller Fehler auf Flüchtigkeit.

Wodurch entstehen Flüchtigkeitsfehler?

Viele Schülerinnen und Schüler achten beim Schreiben ihrer Klausuren besonders auf den Inhalt, weniger auf die Sprachrichtigkeit. Im Französischen gibt es Silben und Endungen, die nicht ausgesprochen werden, die aber in unterschiedlicher Funktion unterschiedlich geschrieben werden. Außerdem lassen sich die Schüler von ihrer Muttersprache oder von der ersten Fremdsprache beeinflussen.

Wie kann ich Flüchtigkeitsfehler vermeiden?

Wer Flüchtigkeitsfehler macht, dem ist nicht geholfen, wenn er Grammatik „paukt“: Flüchtigkeitsfehler beruhen ja **nicht** auf mangelnden Kenntnissen.
Um Flüchtigkeitsfehler in der eigenen Klausur zu finden, brauchen Sie Zeit. Es ist daher unbedingt notwendig, die Zeit, die für die Klausur zur Verfügung steht, so einzuteilen, daß Sie Ihre Klausur in Ruhe durchsehen können.
Sie müssen sich fest vornehmen, Flüchtigkeitsfehler wirklich finden zu wollen. Das ist natürlich leichter gesagt als getan!

- Jeder Schüler hofft, daß die eigene Klausur fehlerfrei ist. Deshalb will er eigentlich keine Fehler finden ... und findet auch keine! Diese falsche Einstellung müssen Sie bewußt überwinden!
- Jeder Schüler kann seinen eigenen Text bald „auswendig“. Deshalb liest er ihn, auch ohne die einzelnen Wörter und Endungen genau anzusehen und auf ihre Richtigkeit zu achten.

Sie sollten sich dazu zwingen, den eigenen Text langsam, Wort für Wort, Zeile für Zeile, kritisch zu überprüfen. Dabei hilft es sehr, wenn Sie den Text mit dem Löschblatt verdecken und ihn beim Korrigieren Zeile für Zeile aufdecken. (Für jede Zeile sollten Sie sich, wenn möglich, 15 Sekunden Zeit nehmen!)

Soulignez les fautes. Corrigez les phrases.

Exemple: Ce chapitre se compose de quatre partie.

Ce chapitre se compose de quatre parties.

1. Elle attend encore quelque minutes.

2. Un jour, il partirai et quitterai Marseille.

3. Il ne reviendras pas.

4. Ce jeune homme reste avec les autre.

5. Isabelle a une père compréhensif[1].

6. Il ne gagne pas beaucoup d'argents.

7. Joseph fait la connaissance du oncle.

8. Comparer deux systèmes politique.

9. La situation devient sérieuse.

10. Elles parlent toujours de les dangers.

11. Jupiter leur envoie[2] un roi qui les tuent.

Lösungen siehe S. 11.

[1] compréhensif, ve — verständnisvoll
[2] envoyer — schicken

Soulignez les fautes. Corrigez les phrases. (Traduisez-les en allemand.)

Exemple: Elle veut reste à Paris.

Elle veut rester à Paris.

1. Marius veut part seul.

2. Le père s'est laissé trompé[1].

3. Elle est jeune est intelligente.

4. C'est n'est pas une vie agréable.

5. Il se rappelle très bien ce qui c'est passé.

6. Ce chapitre ce compose de trois parties.

7. C'est un jeune homme qu'il n'ose[2] pas entrer.

8. Voici sa situation malheureuse qui nous inspirons de la compassion[3].

9. Est-ce un signe de tristesse où de désespoir[4]?

10. L'auteur nous montre ses sentiments il a quand il voit cette belle fille.

Lösungen siehe S. 11.

[1] tromper	täuschen	[3] la compassion	das Mitgefühl
[2] oser	wagen	[4] le désespoir	die Verzweiflung

Mit dem Wörterbuch arbeiten

Wozu dient das einsprachige Wörterbuch?

In den meisten Bundesländern wird den Schülerinnen und Schülern bei Klausuren in der Oberstufe und im Abitur ein einsprachiges Wörterbuch zur Verfügung gestellt. Das ist sehr sinnvoll, zumal auch bei deutschen Klausuren ein Duden verwendet werden darf.

Viele Schülerinnen und Schüler meinen, daß das Wörterbuch nur dazu dient, die Bedeutung von unbekannten Vokabeln herauszubekommen. In Wirklichkeit ist es auch ein wertvolles Hilfsmittel, um Fehler zu vermeiden.

Welche Fehler lassen sich bei Verwendung des Wörterbuchs vermeiden?

- Rechtschreibfehler,
- Genusfehler *(le / la, un / une)*,
- falsche Pluralformen der Nomen,
- falsche Adjektiv-Formen,
- Präpositionsfehler,
- falsche Verbformen.

Untersuchungen haben ergeben, daß durchschnittlich 50 % der Fehler vermieden werden könnten, wenn die Schülerinnen und Schüler häufiger im Wörterbuch nachsehen würden. Sicher erfordert das Zeit, die eingeplant werden muß. Auch sind nicht alle einsprachigen Wörterbücher in gleicher Weise benutzerfreundlich, handlich und übersichtlich.

Sehen Sie sich die verschiedenen einsprachigen Wörterbücher an! Nehmen Sie bei Fachkonferenzen der Lehrer Einfluß auf die Auswahl eines geeigneten Wörterbuchs! Es geht ja um Ihre Zensuren.

leitmotiv

née en récompense de services civils et militaires. — 3. Grand nombre d'êtres vivants (soutenu) : Une légion de cousins, de solliciteurs (syn. MULTITUDE).

légionnaire [leʒjɔnɛr] n. m. 1. Militaire de la Légion étrangère. — 2. Membre de l'ordre de la Légion d'honneur.

législateur, trice [leʒislatœr] adj. et n. (du lat. legislator). 1. Qui fait les lois, qui les fait voter (admin.) : Un souverain législateur. Une volonté législatrice. — 2. Le législateur, la loi.

législatif, ive [leʒislatif] adj. 1. Qui fait les lois, qui a la mission de les faire : Le pouvoir législatif. Une assemblée législative. — 2. Relatif à la loi : Un acte législatif. Les dispositions législatives. — 3. Élections législatives, où on procède à l'élection des députés à l'Assemblée nationale.

...tion [leʒislasjɔ̃] n. f. Ensemble des lois concer... domaine : La législation financière, élec-

Zusätzliche Anregung:

Benutzen Sie das einsprachige Wörterbuch, das Ihnen für Klausuren zur Verfügung gestellt wird, auch zu Hause bei Hausarbeiten.

- Sie gewöhnen sich an den Gebrauch dieses Wörterbuchs und finden bei Klausuren schneller die gesuchten Informationen.
- Sie gewöhnen sich daran, auch bei Hausarbeiten auf die Sprachrichtigkeit Ihrer Texte zu achten. Das gibt Ihnen immer größere Sicherheit im Französischen, auch in Prüfungssituationen.

Folgende einsprachige Wörterbücher sind neben anderen im Gebrauch:

Dictionnaire de français, DDF (Larousse)
Dictionnaire pratique du français (Hachette)
Dictionnaire scolaire du français, DISCO (Langenscheidt-Hachette)
Micro-Robert (Le Robert, Paris)

Lösungen zu S. 7:
1 quelques, 2 il partira et quittera, 3 reviendra, 4 les autres, 5 un père, 6 d'argent, 7 de l'oncle, 8 systèmes politiques, 9 situation, 10 des dangers, 11 tue.

Lösungen zu S. 8:
1 partir, 2 tromper, 3 et intelligente, 4 Ce n'est pas, 5 s'est, 6 se compose, 7 qui n'ose pas, 8 qui nous inspire, 9 ou, 10 qu'il a.

... de l'aut
...). • 3° L'AUTEL : la Religio
Église. *Le trône et l'autel.*
AUTEUR [otœʀ]. *n. m.* • 1° Person
qui est la première cause d'une chose,

... (détaché en t
... incise) Vraiment. *Eh bien vrai, je*
pensais pas ! ▼ **VRAIMENT.** *adv.* •
D'une façon indiscutable et que la réalité
dément pas. V. **Effectivement, véritablem**
Il a vraiment réussi. • 2° S'emploie p
souligner une affirmation. V. **Franchem**
Vraiment, il exagère ! — Vraiment ? V
êtes sûr ?
VRAISEMBLABLE [...]
Qui peut ...

... TUEUSEME

PRESQUE [pʀɛsk(ə)]. *adv.* • 1° À
près ; pas exactement ou pas tout à
C'est presque sûr. Elle pleurait presque.
fait presque dix kilomètres, un peu moin
Presque toujours. Presque personne, pre
rien. Presque pas, très peu, à peine. — E
Tout le monde ou presque. Presque à ch
pas. • 2° *Littér.* (Modifiant un sub...
abstrait). V. **Quasi.** *La ...*
êtres.

... *des mi*

EXEMPLE [ɛgzɑ̃pl(ə)]. *n. m.* ★ I.
Action, manière d'être qu'on peut im
Bon exemple, exemple à suivre. V. **Mo**
règle ; exemplaire (1). *Donner l'exe*
faire le premier qqch. *Suivre l'exemple de*
imiter qqn. — *Loc. prép.* À L'EXEMPLE
pour se conformer à, pour imiter. • 2°
sonne dont les actes sont dignes d
imités. V. **Modèle.** • 3° (D...
faire un [de...]

... *teutoniques,*
... chevalerie allemand, au moyen âge.
TEXTE [tɛkst(ə)]. *n. m.* • 1° LE TEXTE
DE, UN TEXTE : les termes, les phrases qui
constituent un écrit ou une œuvre. *Commenter,*
annoter, traduire un texte. Lire Platon dans
le texte. Le texte d'une loi. V. **Teneur.** *Le*
texte d'un opéra, d'une chanson (*opposé à*
musique). V. **Livret, parole.** — La com...
la page imprimée. Ill...
(*opposé à* ...

... person-
... *sans caractère. Cette*
... *a du caractère.* V. **Cachet.**
2. CARACTÈRE. *n. m.* • 1° Ensemble
des manières habituelles de sentir et de réagir
qui distinguent un individu d'un autre. V.
Individualité, nature, person...
ment. *Le ...*

... ressentir tout ce qui le
... *Croyez à toute ma sympathie* (V.
Condoléance). ▼ **1. SYMPATHIQUE.** *adj.*
• 1° Qui inspire la sympathie. V. **Agréable,**
aimable. || Contr. **Antipathique.** || *Je le trouve*
très sympathique. Il m'est très sympathique.
• 2° (Choses). *Fam.* Très agréable. *Une petite*
plage sympathique. — Abrév. fam. (inv...)
SYMPA. *Ils sont sympa. Il...*
sympa. ▼ SYM...
Avec ...

... — (Dans
... *se succèdent tout le*
... *mur.*
SUCCÈS [syksɛ]. *n. m.* • 1° Heureux
résultat, caractère favorable de ce qui arrive.
Assurer le succès d'une entreprise. Avec
succès. — Le fait, pour qqn, de parvenir
à un résultat souhaité. V. **Réussite.** || Contr.
Échec. || *Il est sur le chemin du succès.* • 2°
Un, des succès, événement(s) qui ...
un résultat très ...
rempor...

Blatt 12

... de toute composition
... forme sonate.
FINALEMENT. *adv.* • À la fin, pour
finir. *Ils se sont finalement quittés.* — En
dernière analyse. *Je ne vois pas, finalement,*
ce qu'il y a gagné. V. **Définitive** (en).
FINALITÉ. *n. f.* • 1° Car...
tend à un but ...

(Aus: Micro-Robert)

Barrez ce qui est faux, copiez ce qui est juste. (Regardez la page ci-contre.)

Exemple: l'~~autheur~~ / l'auteur l'auteur

1. vraiment / vraiement ______
2. prèsque toujours / presque toujours ______
3. par exemple / par example ______
4. lire le texte / lire le text ______
5. le caractère / le charactère ______
6. sympatique / sympathique ______
7. sans succès / sans success ______
8. finalement / finallement ______

Barrez ce qui est faux, copiez ce qui est juste. (Consultez votre dictionnaire.)

9. mon opinion personelle / personnelle ______
10. faire un essai / un essaie ______
11. le problem / probleme / problème ______
12. quelquefois / quelques fois ______
13. chacun de nous / chaqu'un de nous ______
14. la describtion / la description ______
15. faire un résumé / résumée ______
16. le dialog / le dialogue ______

Lösungen siehe S. 17.

Deuten Sie die Angaben im Wörterbuch richtig!

Die meisten Wörterbücher geben die Artikel *le* und *la* nicht direkt an, sondern machen die Angaben **m.** und **f.**

m. = *masculin* (männlich) = *le, un, ce (cet), son …*

f. = *féminin* (weiblich) = *la, une, cette, sa …*

n. bedeutet *nom* (= Nomen/Substantiv/Hauptwort)

terreur [tɛʀœʀ] n. f. **1.** Sentiment de peur intense qui empêche d'agir. *Être saisi de terreur, paralysé par la terreur.* **2.** Ensemble de mesures arbitraires et violentes par lesquelles certains régimes établissent leur autorité en brisant toute opposition ; peur générale que de telles mesures font régner dans une population. *Prendre le pouvoir, gouverner par la terreur.* **3.** Fam. *Une terreur :* une personne qui se fait … par la violence, la force … terreurs …

… adv. D'une manière différente … ♦ De *différent.*

différence [difeʀɑ̃s] n. f. **1.** Ce qui distingue une chose, une personne d'une autre. *Différence d'âge.* **2.** Excès d'une quantité sur une autre ; résultat de la soustraction. *La différence entre 30 et 20 est 10.* ♦ Lat. *differentia.*

différenciateur, trice … différencie …

… avec l'indication … principales dimensions. ♦ Pp. de *coter.*

côté [kote] n. m. **I. 1.** Partie du corps, de l'aisselle à la hanche, où sont situées les côtes. *Être blessé au côté.* ▷ La partie droite ou gauche du corps. *Être couché sur le côté.* **2.** Chacun des segments de droite formant le périmètre d'un polygone. *Les côtés d'un triangle.* ▷ Ligne, surface limitant un objet. *Les côtés d'un meuble, d'une boîte.* **3.** L'une des parties, des … d'une chose (par opposition à l'… autres, aux autres) … *seul côté* …

… ancien français … de *roi.*

rôle [ʀol] n. m. **I.** En droit, registre officiel portant des états, des noms. *Rôles des contributions.* ▷ *Rôle d'équipage :* liste officielle des membres de l'équipage d'un navire. ▷ Liste des jeunes gens appelés au service militaire. ▷ Liste des causes qui doivent être plaidées devant le tribunal. ▷ Loc. fig. *À tour de rôle :* l'un après l'autre, chacun à son tour. **II. 1.** Ensemble des répliques qui doivent être prononcées par le même acteur, dans une œuvre dramatique. *Bien savoir son rôle.* ▷ Le personnage même joué par l'acteur. *Jouer le rôle d'Harpagon dans …* Molière. **2.** Ensemble des … l'apparence …

… lat. *canonicus.*

chanson [ʃɑ̃sɔ̃] n. f. **1.** Petite composition chantée ; texte mis en musique, divisé en strophes ou couplets, avec ou sans refrain. *Les paroles d'une chanson. Chanson à boire, chanson d'amour.* — Loc. fig. *L'air ne fait pas la chanson :* les apparences sont souvent trompeuses. **2.** Par extens. Chant. *La chanson du rossignol.* — Bruit plaisant, murmure. … *ruisseau.* **3.** Fig., fam. Propos … *toujours la* …

… Préfixe, variante de *in-2* devant *b, m* et *p.*

image [imaʒ] n. f. **I. 1.** Représentation d'une personne, d'une chose par la sculpture, le dessin, la photographie, etc. ▷ Figure faisant l'objet d'un culte religieux. *Images des saints.* **2.** Estampe, gravure coloriée. ▷ Fig. Loc. fam. *Un enfant sage comme une image,* tranquille, calme. **II. 1.** Représentation visuelle d'un objet donnée par une surface réfléchissante. *Regarder son image dans un miroir.* … d'un objet donnée par … *vidéo.* …

… « longue … du lat. *regula.*

rime [ʀim] n. f. **1.** Retour des mêmes sons à la fin de deux ou de plusieurs vers. *Rimes pauvres :* rimes où l'identité porte seulement sur la voyelle accentuée (*passé/chanté*). *Rimes riches,* où l'identité porte à la fois sur la voyelle accentuée, sur la consonne qui la suit et sur celle qui la précède (*cheval/rival*). *Rimes féminines, rimes masculines,* terminées ou non … un *e* muet. **2.** Loc. *Sans (ou …* injustifié, inexplicable … *raison* …

(Aus: Dictionnaire pratique du français)

Barrez ce qui est faux, copiez ce qui est juste. (Regardez la page ci-contre.)

Exemple: le ~~terreur~~ / la terreur ______ la terreur

1. le différence / la différence ______
2. d'un côte / d'une côté ______
3. son rôle / sa rôle ______
4. un chanson / une chanson de Bruel ______
5. un image / une image ______
6. le rime / la rime ______

Barrez ce qui est faux, copiez ce qui est juste. (Consultez votre dictionnaire.)

7. un reportage intéressant / une reportage ______
8. ce photo / cette photo ______
9. c'est son réponse / sa réponse ______
10. un long interview / une longue interview ______
11. un groupe de bandits / une groupe de bandits ______
12. (der Tod) le mort / la mort ______
13. un vieil époque / une vieille époque ______
14. un long passage / une longue passage ______

Lösungen siehe S. 19.

Auch unregelmäßige Pluralformen können Sie aus dem Wörterbuch erkennen.
un cheval: des chev**aux** – un cheveu: des chev**eux**

Im Englischen bleiben die Adjektive unverändert. Im Französischen werden sie verändert. Es gibt mehr als 20 Möglichkeiten, wie die Adjektiv-Formen gebildet werden können.

Deuten Sie die Angaben im Wörterbuch richtig!

Die meisten Wörterbücher schreiben die Adjektiv-Formen im Femininum und im Plural nicht aus, sondern geben nur die Endungen an.

personnel, elle	müssen Sie deuten:	**personnel** (Mask.), **personnelle** (Fem.)
principal, e, aux	müssen Sie deuten:	**principal** (Mask. Sg.), **principale** (Fem. Sg.), **principaux** (Mask. Pl.)

[illegible] un repas [illegible] salaries d'entreprises.

[illegible] [ʃɛkje] n. m. Carnet de chèques.

cher, chère [ʃɛr] adj. (lat. *carus*). 1. *Cher (à qqn)*, qui est l'objet d'une vive tendresse, d'un grand attachement (avant le n., sauf suivi de prép.) : *Mes chers enfants, je pense sans cesse à vous. Elles pleurent les êtres chers qu'elles ont perdus dans cette catastrophe. C'est pour moi une amie très chère. Un élève cher à son maître* (syn. AIMÉ DE, APPRÉCIÉ DE). *Nous* [illegible] *pour ceux qui nous sont chers* [illegible] (contr. DÉTESTÉ [illegible]

[illegible] *ne sait mieux* [illegible] QUICONQUE). *Il est trop bon pour* [illegible] *personne.*

1. personnel, elle [pɛrsɔnɛl] adj. 1. Qui appartient en propre à qqn, qui le concerne spécialement : *Un livre où il raconte ses malheurs personnels* (syn. INTIME). *Il a agi par intérêt personnel. Vous ne devez pas tenir de conversations personnelles au téléphone pendant vos heures de service* (syn. PRIVÉ). *J'ai des raisons personnelles de me méfier de lui.* — 2. Qui porte [illegible] que nettement accusée du caract[illegible] goûts de qqn : *Appart*[illegible] *sonnelle* [illegible]

[illegible] adv. De façon princière : [illegible] *reçus princièrement.*

1. principal, e, aux [prɛ̃sipal] adj. (lat. *principalis*, originaire) [avant ou après le n.] 1. Qui est le plus important : *Le principal personnage de l'affaire était resté dans l'ombre* (syn. DOMINANT). *La voie principale* (contr. SECONDAIRE). *L'élément principal* (syn. ESSENTIEL, ↑CAPITAL, ↑PRIMORDIAL). *Les principaux composants d'un mélange* (syn. PRÉDOMINANT ; contr. COMP[illegible] TAIRE). *La raison principale* (syn. [illegible] SOIRE). *L'entrée princ*[illegible] *princ*[illegible]

[illegible] n. m. (lat. *lumbricus*). Nom scientifique du VER DE TERRE.

long, longue [lɔ̃] adj. (lat. *longus*). 1. (avant ou après le n.) Au point de vue de l'espace, qui s'étend sur une distance, sur une étendue plus grande que la moyenne ou simplement grande : *Elle avait de longues jambes minces* (syn. GRAND ; contr. PETIT). *La mode des robes longues* (contr. COURT). *Canon à longue portée. J'ai fait un long détour avant de venir ici* (syn. GRAN[illegible]) [illegible] gue suite de noms (syn. ↑INTER[illegible]) gue lettre. — 2. [illegible] dimen[illegible]

[illegible] incorruptible). [illegible] les fibres servent à faire des tissus [illegible] matériaux incombustibles.

amical, e, aux [amikal] adj. 1. (avant ou après le n.) Inspiré par un sentiment d'amitié : *Il nous adresse ses amicales pensées* (syn. CORDIAL). *Je lui fis quelques reproches amicaux* (contr. MALVEILLANT). — 2. (après le n.) Se dit de qqn qui montre de l'affection : [illegible] *montra fort amicale au cours de l'*[illegible] TILE).

amical[illegible]

[illegible] [prɔfɛsjɔnalism] n. m. Caractère [illegible]sionnel d'une activité.

1. professionnel, elle [prɔfɛsjɔnɛl] adj. 1. Qui concerne une profession : *Stage de formation professionnelle* (= qui forme à une profession). *Certificat d'aptitude professionnelle. Faute professionnelle* (= manquement à une obligation de la profession). — 2. Se dit d'un sport qu'on pratique comme une prof[illegible] et de ceux qui s'y adonnent : *Le cycli*[illegible] (contr. AMATEUR).

2. prof[illegible]

[illegible] — 2. *N'est*-[illegible] interrogation : *N'est-ce pas* [illegible] *voiture est très maniable* (= EST-CE QUE.)

1. net, nette [nɛt] adj. (lat. *nitidus*, brillant). 1. Qui n'est sali par rien : *Elle soigne son intérieur, qui est toujours net* (syn. PROPRE, ↑IMPECCABLE ; contr. SALE). — 2. Dont les limites, les contours, les formes sont distinctes : *Une écriture nette* (syn. CLAIR ; contr. CONF[illegible]) *photographies étaient très nett*[illegible] *d'une voix nette* (syn. [illegible]) (contr. [illegible]

(Aus: Dictionnaire de français)

Barrez ce qui est faux, copiez ce qui est juste. (Regardez la page ci-contre.)

Exemple: une voiture ~~cher~~ / chère — une voiture chère

1. mon opinion (f.) personnel / personnele / personnelle ______
2. la partie principale / principalle ______
3. une phrase long / longe / longue ______
4. des relations (f.) amicals / amicaux / amicales ______
5. la formation professionele / professionnele / professionnelle ______
6. donner une réponse net / nete / nette ______

Barrez ce qui est faux, copiez ce qui est juste. (Consultez votre dictionnaire.)

1. des circonstances (f.) exceptionnels / exceptionneles / exceptionnelles ______
8. deux jeunes filles gentils / gentiles / gentilles ______
9. elle est inquiete / inquiète ______
10. L'agneau boit l'eau (f.) frais / fraîche / fraiche. ______
11. M. Davranche est trist / triste. ______
12. Il n'est pas rich / riche. ______
13. une bel / belle action ______
14. une vif / vife / vive imagination ______

Lösungen siehe S. 21.

Lösungen zu S. 13:
1 vraiment, 2 presque, 3 exemple, 4 texte, 5 caractère, 6 sympathique, 7 succès, 8 finalement,
9 personnelle, 10 essai, 11 problème, 12 quelquefois, 13 chacun,
14 description, 15 résumé, 16 dialogue.

Meist werden die Adverbien auf *-ment* von der weiblichen Form des Adjektivs abgeleitet. Es gibt aber viele Ausnahmen!

... vivre avec elle). ... moins : *Il y a bien dix kilomètres ... jusqu'à ce village.*

facilement [fasilmɑ̃] adv. 1. Avec facilité : *Un travail facilement fait. Un livre facilement lu. Être facilement surpris. Se laisser facilement convaincre. Élever facilement un enfant. Tromper facilement quelqu'un.* — 2. Pour le moins : *Je mettrai facilement ... pour faire ce travail.*

facilitat...

... nature ou leur impor-

sérieusement [serjøzmɑ̃] adv. 1. De façon sérieuse, sans rire : *Tu ne parles jamais sérieusement, tu veux toujours ironiser.* — 2. Réellement, véritablement : *Elle songe sérieusement à quitter la France* (syn. POUR DE BON). *Sérieusement, êtes-vous disposés à ... gner?* (syn. FRANCHEMENT, RÉELL...) ... ment : *Elle est ...*

... gentillesses (syn. ...). *Faire une gentillesse à quelqu'un.*

gentiment [ʒɑ̃timɑ̃] adv. Avec gentillesse : *Les enfants s'amusent gentiment* (syn. SAGEMENT). *Merci de m'avoir si gentiment reçu* (syn. AIMABLEMENT).

gentleman [dʒɛntləman] n. m. (mot angl.) [pl. *gentlemen*]. Homme d'une parfaite éducation ... porte de façon irréproch...

... bassin d'élevage d'huîtres : *Fines ... claire.* — 2. Huître de claire.

clairement [klɛrmɑ̃] adv. De façon distincte, nette, compréhensible : *Parlez donc plus clairement! La notice est très clairement rédigée.*

clairet, ette [klɛrɛ] adj. *Vin clairet ...* vin rouge assez clair ... et aigu ...

..., sans tenir compte ..., des circonstances : *Dans l'absolu, vous avez raison.*

absolument [apsɔlymɑ̃] adv. 1. D'une manière qui n'admet aucune restriction ni réserve : *Je dois absolument aller le voir cette semaine* (syn. DE TOUTE NÉCESSITÉ, SANS FAUTE, À TOUT PRIX). — 2. Exprime une intensité très grande : *C'est absolument faux* (syn. CO... TEMENT, TOTALEMENT, ENTIÈREMENT). *N... lument du même avis ...* absolu...

... pencher et de dire ..., *tu as fini par le faire pour de vrai* (syn. POUR DE BON; contr. POUR RIRE).

vraiment [vrɛmɑ̃] adv. 1. De façon conforme à la réalité : *Ils s'aimaient vraiment* (syn. PROFONDÉMENT). *Ce tissu est vraiment rouge* (syn. EXTRÊMEMENT, UN PEU TROP). *C'est vraiment une révolution populaire* (syn. VÉRITABLEMENT). *Vous le croyez vraiment?* — 2. Souligne une affirmation : *Vraiment, tu exagères! Ce n'est ... pas malin.* (→ VÉRACITÉ, VÉRIDIQU...)

vraisembla...

... apper. || ... sommeil qu'interrompt ... *Prendre les choses à la légère,* ... insouciance.

légèrement [leʒɛrmɑ̃] adv. De façon légère : *Être habillé légèrement* (contr. CHAUDEMENT). *Remuer légèrement la tête* (= à peine). *Manger légèrement* (= sans excès). *Il est légèrement plus gros que son frère* (= un peu). *Vous agissez légèrement* (= à la légère). *Parler légèrement de la maladie des autres* (= avec désinvolture). *Être blessé légèrement* (= sans ...

légèreté [leʒɛrte] ...

(Aus: Dictionnaire de français)

Cherchez les adverbes. (Regardez la page ci-contre.)

Exemple: facile: facilement

1. sérieux, sérieuse: ______
2. gentil, gentille: ______
3. clair, claire: ______
4. absolu, absolue: ______
5. vrai, vraie: ______
6. léger, légère: ______

Cherchez les adverbes. (Consultez votre dictionnaire.)

7. poli, polie: ______
8. confus, confuse: ______
9. rare: ______
10. précis, précise: ______
11. lent, lente: ______
12. énorme: ______
13. évident, évidente: ______
14. suffisant, suffisante: ______
15. exact, exacte: ______
16. profond, profonde: ______
17. clair, claire: ______
18. bref, brève: ______

Lösungen siehe S. 29.

Lösungen zu S. 15:
1 la différence, 2 d'un côté, 3 son rôle, 4 une chanson, 5 une image, 6 la rime,
7 un reportage, 8 cette photo, 9 sa réponse, 10 une longue interview, 11 un groupe, 12 la mort, 13 une vieille époque, 14 un long passage.

Deuten Sie die Angaben im Wörterbuch richtig!

Entweder finden Sie eine „Formel", die Ihnen den Gebrauch der Präposition direkt angibt: s'approcher de qqc,
oder Sie finden Beispiele: s'approcher de la fenêtre, du but.
Entsprechend muß es heißen:
il s'approche **de** la porte, approchez-vous **de** moi.
Die Wörterbücher verwenden:

qqc / qqch / qc (= quelque chose): etwas
qqn / qn (= quelqu'un): jemanden

... de *La nuit approche.* ... Être proche de, presque ... à. *Approcher de la perfection.* ★ III. S'APPROCHER (de). • 1° Venir près, aller se mettre auprès de (qqn, qqch.). *Le navire s'approche de la terre. Approchez-vous de moi.* || Contr. **S'éloigner.** || • 2° (Abstrait) *Il veut s'approcher le plus près ... perfection.* ▼ APPRO...

... maîtriser (se), retenir ... contenu 1. *Essayez de vous contenir.*
CONTENT, ENTE [kɔ̃tɑ̃, ɑ̃t]. *adj.* • Satisfait. • 1° *Content de qqch.* V. **Enchanté, ravi.** *Je suis assez content de mon acquisition*, elle me plaît assez. — NON CONTENT *d'être endetté, il emprunte à tous ses amis* : il ne lui suffit pas de (Cf. Non seulement). • 2° ... *qqn*, satisfait de son ... *content de* ...

... *ministre a engagé la responsabilité du gouvernement.*
RESPONSABLE. *adj.* • 1° Qui a des responsabilités, doit répondre de ses actes. *Les experts jugeront si l'accusé est responsable. Être responsable de qqn*, de sa vie, de sa conduite. *Rendre qqn responsable de qqch.*, le considérer comme responsable. • 2° Qui est la cause volontaire et consci... qqch.). — *Subst. fam.* V. ... *est le respon...* ... *mon enfance.*

... *rien ?* — Faire penser, ressembler à. *Un paysage qui rappelle les bords de la Loire.* ★ II. SE RAPPELER. *v. pron.* • 1° Rappeler (un souvenir) à sa mémoire, avoir présent à l'esprit. V. **Souvenir** (se) ; **remémorer** (se). *Je me le rappelle. Je ne me rappelle plus rien*, j'ai oublié. *Rappelez-vous qu'on vous attend.* • 2° SE RAPPELER DE est fautif (V. **Souvenir** : se souvenir de), mais on peut dire : *Une histoire dont on se rappelle le dénouement (se rappeler le dénouement de...).* • 3° (Réfléchi) ... *peler à...*, faire souv... *à qqn* ...

... *téléphone public.* V. **Taxiphone.** ▼ **TÉLÉPHONER.** *v.* (1) • 1° *V. tr.* Communiquer, transmettre par téléphone. *Téléphone-lui la nouvelle.* — *Message téléphoné.* • 2° *V. tr. ind.* et *intr.* Se mettre, être en communication par téléphone. *Téléphonez-moi demain.* V. **Appeler.** *Il est en train de téléphoner.* ▼ **TÉLÉPHONIQUE.** adj. *Une* ... *appel télépho...*

... de parlementer avec ... V. **Délégué.**
1. **PARLER** [paʀle]. *v.* (1) ★ I. *V. intr.* • 1° Articuler des sons pour s'exprimer. || Contr. **Taire** (se). || *Cet enfant commence à parler. Parler distinctement. Parler bas, haut. Parler en français. Parler à la radio. Ils sont en train de parler.* — Loc. *C'est une façon, une manière de parler !* il ne faut pas prendre à la lettre, exactement, ce qui vient d'être dit. *Il parle d'or*, très bien, sagement. • 2° Révéler ce qu'on tenait caché. *Son complice a parlé.* • 3° PARLANT (précédé d'un adv.) : en s'exprimant de telle manière. *Généralement parlant.* • 4° S'exprimer. *Les muets parlent par gestes.* • 5° *(Suj. chose).* Être éloquent. *Les faits parlent d'eux-mêmes.* ★ II. *V. tr. ind.* • 1° PARLER DE (QQCH., QQN). *Parlez-nous de vos projets. Tout le monde en parle.* Loc. *Sans parler de...* (V. **Outre**). *N'en parlons plus !* que ce soit fini. *Il fait beaucoup parler de lui.* • 2° PARLER DE (suivi d'un inf.) : annoncer l'intention de. *Il parlait d'émigrer aux Antilles.* • 3° PARLER À QQN : lui adresser la parole. *Laissez-moi lui parler. Il lui parle brutalement. Trouver à qui parler*, avoir affaire à un adversaire difficile. • ... TU PARLES ! VOUS ...

... Celui qui ... à courre. — *Grand veneur,* ... d'une vénerie.
VENGER [vɑ̃ʒe]. *v. tr.* (3) • 1° Dédommager moralement (qqn) en punissant son offenseur. *Venger qqn d'un affront. Venger la mémoire d'un ami.* — *(Suj. chose)* Constituer une vengeance ou une compensation pour (qqn). *Son échec me venge.* • 2° Réparer (une offense) en punissant l'offenseur. *Venger un affront dans le sang.* • 3° SE VENGER. *v. pron.* Rendre une offense (à qqn) pour se dédommager moralement. *Se venger de qqn. Je me vengerai.* — Se dédommager (d'une offense) en punissant son auteur. *Se venger d'une insulte, d'une injure.* ▼ VEN... *n. f.* Action de ...

(Aus: Micro-Robert)

Barrez ce qui est faux, copiez ce qui est juste. (Regardez la page ci-contre.)

Exemple: Le bateau s'approche ~~le port~~ / du port / ~~au port~~.

Le bateau s'approche du port.

1. On est content avec ce succès / de ce succès.

2. Le patron est responsable pour l'échec / de l'échec.

3. Il se rappelle très bien cette nuit terrible / à cette nuit terrible / de cette nuit terrible.

4. Elle téléphone avec sa mère / à sa mère.

5. Elles parlent sur leurs intentions / de leurs intentions.

6. Il veut se venger de l'injustice / pour l'injustice.

Barrez ce qui est faux, copiez ce qui est juste. (Consultez votre dictionnaire.)

7. Le malade a besoin beaucoup de repos / de beaucoup de repos.

8. la cause de la misère / pour la misère

9. Le jeune homme a pitié avec le mendiant / du mendiant.

Lösungen siehe S. 37.

Lösungen zu S. 17:
1 personnelle, 2 principale, 3 longue, 4 amicales, 5 professionnelle, 6 nette, 7 exceptionnelles, 8 gentilles, 9 inquiète, 10 fraîche, 11 triste, 12 riche, 13 belle, 14 vive.

Deuten Sie die Angaben im Wörterbuch richtig!

Im Wörterbuch steht:		Als Objektpronomen ist zu verwenden:
qn / qc	→	le / la / les
à qn / à qc	→	lui / leur
Beispiele:		
voir qn / voir qc		je le vois / je la vois / je les vois
demander à qn		je lui demande / je leur demande

~, *une voix* ~*ve.* – *adv.* **plaintivement.**

plaire *v.* (je plais, il plaît, nous plaisons, ils plaisent; il plut; il a plu) **1.** Charmer, être agréable à qn, séduire; CONTR. déplaire: ~ *à qn, chercher à* ~ *à qn, il ne me plaît pas du tout, cet appartement me plaît, ce spectacle m'a beaucoup plu, il me plaît de faire qc, fais ce qui te plaît.* **2.** *s'il vous plaît, s'il te plaît (= formule* … – **se** ~ (il …

… *manquer à l'*~, *l'*~ … *armes, cet* ~.

appeler *v.* (j'appelle, il appelle, nous appelons, ils appellent; il appellera) **1.** Faire venir en criant: ~ *son chien/un enfant/le garçon de café/le médecin/la police,* ~ *qn à son aide,* ~ *au secours.* **2.** Téléphoner: *je vous appellerai demain.* **3.** Donner un nom: ~ *son fils Pierre,* ~ *qn «imbécile»* ~ *les choses par leur nom.* – **s'**~ (il s'est appelé), *je m'appelle* … *s'appell*…

… *qn, repousser* … ~, *une* ~ *d'emploi.*

demander *v.* **1.** Poser une question: CONTR. répondre: ~ *qc à qn, «Quelle heure est-il? demande-t-il.», je lui demande si . . .* **2.** Dire ce que l'on désire: ~ *qc à qn, je lui demande un stylo,* ~ *l'addition/son chemin,* ~ *pardon à qn, il demande 100 000 francs de sa voiture,* ~ *à qn de faire qc, je leur demande de se dé*…*cher, je lui demande l*… *tir.* …

racine

raconter *v.* Dire ce qui s'est passé, faire un récit: ~ *qc à qn, il lui a raconté une histoire,* ~ *ce qui s'est passé,* ~ *son voyage,* ~ *brièvement/fidèlement/en détail, on raconte que* + ind. ⚠ **Parlez-moi** … votre voyage.

… ~ *des bœufs à la charrette,* ~ *une remorque au tracteur.*

attendre *v.* **1.** Rester dans un endroit en pensant que qn/qc arrivera; CONTR. s'en aller: ~ *qn/qc,* ~ *un ami,* ~ *l'autobus/le train,* ~ *(pendant) une heure, se faire* ~, ~ *de faire qc, ne pas* ~ *que* + subj., *s'*~ *à ce que* + subj. *(= prévoir).* **2.** Espérer, vouloir: ~ *qc de qn, cette femme attend un bébé pour avril,* ~ *que* + subj … *que cela soit* …

… *débeunte, dés*… *panser une* ~; *les* ~*s du cœur.*

plaindre *v.* (je plains, il plaint, nous plaignons, ils plaignent; il plaignit; il a plaint) montrer de la pitié/de la compassion envers qn: ~ *qn qui a beaucoup de malheurs, je vous plains de tout mon cœur, être à* ~. – **se** ~ (il s'est pl… **1.** Exprimer sa souff…

(Aus: Dictionnaire scolaire du français)

Barrez ce qui est faux, copiez ce qui est juste. (Regardez la page ci-contre.)

Exemple:
~~Elle veut le plaire.~~ — Elle veut lui plaire.
Elle veut lui plaire.
(Sie will ihm gefallen.)

1. Elle lui appelle «ami».
   Elle l'appelle «ami».
   (Sie nennt ihn „Freund".)

2. Zadig lui demande depuis quand il est là.
   Zadig le demande depuis quand il est là.
   (Zadig fragt ihn …)

3. Il la raconte qu'il veut voyager.
   Il lui raconte qu'il veut voyager.
   (Er erzählt ihr …)

4. Elle attend de lui. / Elle lui attend. /
   Elle l'attend.
   (Sie wartet auf ihn.)

5. Elle lui plaint. / Elle le plaint.
   (Sie bedauert ihn.)

Barrez ce qui est faux, copiez ce qui est juste. (Consultez votre dictionnaire.)

6. Pierre lui montre la photo.
   Pierre la montre la photo.
   (Pierre zeigt ihr das Foto.)

7. Personne ne l'aide.
   Personne ne lui aide.
   (Niemand hilft ihr.)

8. Il ne répond pas la question.
   Il ne répond pas à la question.
   (Er beantwortet die Frage nicht.)

9. Les animaux respectent le lion
   et le flattent. / et lui flattent.
   (… und schmeicheln ihm.)

Lösungen siehe S. 38.

Deuten Sie die Angaben im Wörterbuch richtig!

Entweder finden Sie eine „Formel“, die Ihnen den Gebrauch der Präposition direkt angibt: apprendre à faire qc,
oder Sie finden Beispiele: apprendre à écrire, apprendre à lire.
Entsprechend muß es heißen: apprendre à danser.

apprendre [aprɑ̃dr] v. t. et t. ind. (lat. *apprehendere*, saisir, comprendre) [c. 54]. 1. *Apprendre qqch, apprendre que* (+ *ind.*), *à* (+ *inf.*), acquérir une connaissance, recevoir une information que l'on ignorait : *J'apprends l'anglais* (syn. ÉTUDIER). *Il a appris à dessiner. Apprendre un métier. J'ai appris la nouvelle de sa mort. Il a appris beaucoup au cours de ses voyages. Avez-vous appris que son voyage a été retardé?* — 2. *Apprendre qqch à qqn, apprendre à qqn que* (+ *ind.*), *à* (+ *inf.*), lui faire acquérir la connaissance de qqch : *La police lui a appris la mort accidentelle de son mari* (syn. INFORMER DE). *Elle m'a* …
était reçue à son examen …
petit enf…

… *pour faire*
… REQUIS, VOULU, SOUHAITABLE).
… *désirable* (= qui inspire le désir charnel).

désirer [dezire] v. t. (lat. *desiderare*). 1. *Désirer qqch, que* (+ *subj.*), *désirer* (+ *inf.*), souhaiter la possession, la jouissance ou la réalisation de qqch : *Je désire une voiture confortable. Désirez-vous encore un peu de salade?* (syn. VOULOIR). *Je désire m'expliquer sur ce point, que vous vous expliquiez* (= je voudrais; syn. SOUHAITER). *Elle avait longtemps désiré cette fille* (= souhaité sa naissance). — 2. Fam. *Se faire désirer* faire attendre impatiemment sa présence …
(→ DESIDERATA.)
désir…

… *de*
… *sans hésitation* (syn. RÉTI-

hésiter [ezite] v. i. (lat. *haesitare*). 1. (sujet qqn) Être dans l'incertitude sur ce qu'on va dire ou faire : *J'ai longtemps hésité avant de faire cette démarche* (syn. BALANCER). *Elle a pris sans hésiter cette décision* (syn. TERGIVERSER). *N'hésite pas, ce départ est nécessaire* (syn. ATTENDRE). — 2. Marquer son irrésolution, son ignorance par un arrêt : *L'élève hésitait en récitant sa leçon* (syn. ↑ ÂNONNER). — 3. *Hésiter sur qqch*, ne savoir que faire sur un sujet précis : *Elle hésite sur la route à suivre*. — 4. *Hésiter entre deux ou plusieurs choses*, rester irrésolu entre plusieurs partis possibles : *J'hésite entre divers projets* (syn. FLOTTER). ◆ v. t. ind. *Hésiter à* (+ *inf.*), avoir peur de, ne pas oser : *Il hésitait à di*… *vérité* (syn. AVOIR SCRUPULE À, CRAIN…
hétéroclite …

…, ACQUIESCEMENT).
… *Ce n'est pas de refus*, j'accepte volontiers.

refuser [rəfyze] v. t. (du lat. *recusare*, refuser, et *refutare*, réfuter). 1. *Refuser qqch (à qqn)*, ne pas accepter ce qui est offert ou présenté : *Refuser un cadeau, un pourboire* (syn. ↓ REPOUSSER). *Refuser une invitation* (syn. DÉCLINER). *On lui a offert un bon prix de sa maison, mais elle a refusé;* ne pas accorder ce qui est demandé ou désiré : *Refuser une grâce, une permission. Refuser son consentement. Refuser le combat;* ne pas accorder sans qu'il y ait eu demande : *La nature lui a refusé le don de l'éloquence;* ne pas reconnaître : *On lui refuse toute compétence en la matière* (syn. DÉNIER, CONTESTER). — 2. *Refuser qqn qqpart*, ne pas le laisser entrer : *On a refusé du monde à l'entrée du stade.* ‖ *Refuser qqn à qqch*, ne pas recevoir un candidat à un examen : *Il a été refusé à son baccalauréat* (syn. AJOURNER; fam. RECALER, COLLER). — 3. *Refuser de* (+ *inf.*), ne pas consentir à : *Il refuse d'admettre qu'il a tort;* ne pas vouloir faire ce qui est ordonn… *de travailler, de payer.* ◆ *se* …
ser qqch, s'en …

… DÉSOBLIGEANT). — 2. *Paro*…
…*geantes*, paroles flatteuses.

obliger [ɔbliʒe] v. t. (lat. *obligare*, lier par un contrat) [c. 2].
— I. 1. (sujet qqch) *Obliger qqn*, le lier par une loi, une convention : *Le contrat oblige les deux parties signataires* (syn. ENGAGER). — 2. (sujet qqch, qqn) *Obliger qqn à* (+ *inf.*), le forcer à une action : *La nécessité m'oblige à accepter ce travail* (syn. CONTRAINDRE À). *Rien ne l'obligeait à intervenir dans le débat;* (sujet qqn) être *obligé de* (+ *inf.*) : *Elle a été obligée de réparer les dégâts* (syn. CONDAMNER, ASTREINDRE À). *Je suis obligé de partir* (= il faut que je parte).
— II. *Obliger qqn*, lui rendre un service par … plaisance (soutenu) : *Vous m'obl*…
ne répétant pas …

… *photographie réussie.*
… genre : *Une réception, une soirée réussie* (syn. BRILLANT).

réussir [reysir] v. i. (it. *riuscire*, ressortir). 1. (sujet qqch) Avoir un heureux résultat : *Projet qui réussit* (syn. ABOUTIR, SE RÉALISER). *Son entreprise n'a pas réussi* (= a échoué). — 2. (sujet qqn) Obtenir un bon résultat : *Elle a réussi dans tout ce qu'elle a entrepris* (= elle a eu du succès). *Il a mieux réussi dans son commerce que dans ses études* (contr. ÉCHOUER). *Elle vient de passer son baccalauréat et elle a réussi* (= elle a été reçue). ◆ v. t. ind. 1. (sujet qqn) *Réussir à qqch, à* (+ *inf.*), y obtenir des succès, parvenir à : *J'ai réussi à mon examen. Je me demande si vous réussirez à la* … (syn. VENIR À BOUT DE). *Elle a* …
passer son …

(Aus: Dictionnaire de français)

Barrez ce qui est faux, copiez ce qui est juste. (Regardez la page ci-contre.)

Exemple: Elle apprend ~~danser~~ / à danser / de ~~danser~~.

Elle apprend à danser.

1. Le petit prince désire revoir sa rose / à revoir sa rose / de revoir sa rose.

____

2. Julien hésite ouvrir la porte / à ouvrir la porte / d'ouvrir la porte.

____

3. Julien refuse obéir / à obéir / d'obéir.

____

4. Il n'a pas réussi convaincre les autres / à convaincre les autres / de convaincre les autres.

____

5. Elle n'est pas obligée accepter cette proposition / à accepter cette proposition / d'accepter cette proposition.

____

Barrez ce qui est faux, copiez ce qui est juste. (Consultez votre dictionnaire.)

6. Antigone a décidé mourir / à mourir / de mourir.

____

7. Son fiancé l'aide supporter son malheur / à supporter son malheur / de supporter son malheur.

____

8. Candide leur demande lui donner du pain / à lui donner du pain / de lui donner du pain.

____

9. Le roi ne lui permet pas quitter le château / à quitter le château / de quitter le château.

____

Lösungen siehe S. 38.

Wo findet man die Verbformen?

Die Wörterbücher sind unterschiedlich benutzerfreundlich:

- In einigen finden Sie die Verbformen gleich hinter dem Infinitiv.
- In anderen finden Sie hinter dem Infinitiv eine Zahl, die Sie auf die Verbformen im Anhang verweist.

...fonde/béante, dés-... panser une ~; les ~s du cœur.

plaindre *v.* (je plains, il plaint, nous plaignons, ils plaignent; il plaignit; il a plaint) montrer de la pitié/de la compassion envers qn: *~ qn qui a beaucoup de malheurs, je vous plains de tout mon cœur, être à ~.* – **se** ~ (il s'est plaint) **1.** Exprimer sa souffrance: *il se plaint ... cesse, il ne se plaint ...* son ...

... manquer à l'~, l'~ ... armes, cet ~.

appeler *v.* (j'appelle, il appelle, nous appelons, ils appellent; il appellera) **1.** Faire venir en criant: *~ son chien/un enfant/le garçon de café/le médecin/la police, ~ qn à son aide, ~ au secours.* **2.** Téléphoner: *je vous appellerai demain.* **3.** Donner ... nom: *~ son fils Pierre ...*

... prendre son arri-... rencontrer.

apprendre *v.* (j'apprends, il apprend, nous apprenons, ils apprennent; il apprit; il a appris) **1.** Être informé; CONTR. ignorer: *~ qc, ~ une nouvelle, ~ que* + ind. **2.** Chercher à avoir des connaissances: *~ à écrire, ~ une langue étrangère, ~ sa leçon/le texte par cœur, ~ un métier.* **3.** Donner la connaissance à ... gner: *le ...*

... se développe ... talent qui se développe.

devenir *v.* (je deviens, il devient, nous devenons, ils deviennent; il devint; il est devenu; il deviendra; qu'il devînt) Passer d'un état à un autre: *~ riche/célèbre, ~ médecin/ministre, elle devint sa femme.* ⚠Il est **tombé** malade; il **commence à** faire jour; je **commence à** avoir froid; le soir **tombe;** le jour **se lève;** il ... heures; il se fait ...

... (= trou-... se ~ (il s'est voilé) se ~ le visage.

voir *v.* (je vois, il voit, nous voyons, ils voient; il vit; il a vu; il verra) Se servir de ses yeux, recevoir des images par les yeux; CONTR. être aveugle: *~ qc de ses (propres) yeux, ~ une pièce de théâtre, cela est agréable à ~, aller ~ qn (= lui rendre visite), ~ que* + ind ... *me suis trouvé ...*

... m. Pasteur ... un grand ~, un congrès de ~s.

savoir *v.* (je sais, il sait, nous savons, vous savez, ils savent; il sut; il a su; que je sache; il saura; sachant) **1.** Avoir présent à l'esprit/être capable de pratiquer ce qu'on a appris; CONTR. ignorer: *~ l'anglais, ~ un texte par cœur, ~ un nom, ~ son rôle, ~ nager, ~ conduire une voiture, je n'en sais rien, ~ que* + ind, *~ si* + ind., *il ne sait plus ce qu'il dit, que sais-je?, faire ~ qc à qn (= informer), ne ~ que/quoi faire.* ⚠ **Pouvoir** = être physiquement capable. ⚠ Que je **sache; sachant. 2.** *le ~-faire, le ~-vivre.*

savon Produit qui sert à ... *de toilette ...*

... on arrive le plus ... possible).

vivre *v.* (je vis, il vit, nous vivons, ils vivent; il vécut; il a vécu) Être en vie; CONTR. mourir: *~ longtemps, ~ vieux, ~ à Paris/à la campagne, ~ en paix/dans le luxe, travailler pour ~, ~ de ses rentes, avoir de quoi ~ (= avoir assez d'argent pour vivre), le savoir-~, ~ sur sa réputation.* ⚠ Les quatre-vingts ans qu'il a vécu ... (les quatre-vingts ans – ... constam...

(Aus: Dictionnaire scolaire du français)

Barrez ce qui est faux, copiez ce qui est juste. (Regardez la page ci-contre.)

Exemple:
il se ~~plaind~~ / il se plaint
(Präsens von «plaindre») il se plaint

1. Le valet de Candide s'apele Cacombo.
Le valet de Candide s'appelle Cacombo. ______
(Präsens von «appeler»)

2. nous apprenons / nous apprennons ______
(Präsens von «apprendre»)

3. Ils deveniront tous riches /
ils deviendront tous riches ______
(Futur von «devenir»)

4. il voie / il voit ______
(Präsens von «voir»)

5. qu'elle save / sache ______
(*subjonctif* von «savoir»)

6. Son oncle vie / vit / vive en Amérique. ______
(Präsens von «vivre»)

Barrez ce qui est faux, copiez ce qui est juste. (Consultez votre dictionnaire.)

7. il recevoit / il recoit / il reçoit ______
(Präsens von «recevoir»)

8. il demeurt seul / il demeure seul ______
(Präsens von «demeurer»)

9. Elle lui jete / jette un coup d'œil surpris. ______
(Präsens von «jeter»)

10. Il regrete / regrette cette décision fausse. ______
(Präsens von «regretter»)

11. qu'il puisse / peuve ______
(*subjonctif* von «pouvoir»)

12. qu'elle aie / ait / est ______
(*subjonctif* von «avoir»)

Lösungen siehe S. 38.

Bei Partizip-Perfekt- und Partizip-Präsens-Formen werden häufig Fehler gemacht. Vergewissern Sie sich durch Nachschlagen im Wörterbuch.

... *une augmenta-*
... *salaire.*

revenir *v.* (je reviens, il revient, nous revenons, ils reviennent; il revint; il **est** revenu; il reviendra) **1.** Venir de nouveau; CONTR. partir, quitter, s'en aller: *~ chez soi/à la maison/de Paris, je reviens dans une minute, les élèves reviennent de l'école; son nom m'est revenu à l'esprit, ~ de sa surprise.* **2.** Changer d'avis ...
décision. **3.** ...

... *~, avoir un ca-*
...

apercevoir *v.* (-ç- devant o et u: j'aperçois, il aperçoit, nous apercevons, ils aperçoivent; il aperçut; il a aperçu; il apercevra) Remarquer, voir: *~ qn/qc de loin.* – **s'~** (il s'est aperçu), *s'~ de qc, s'~ d'une erreur, je ne m'en suis pas ...*
s'~ que + ind ...

... *(= trou-*
... *se ~* (il s'est voilé) *se ~ le visage.*

voir *v.* (je vois, il voit, nous voyons, ils voient; il vit; il a vu; il verra) Se servir de ses yeux, recevoir des images par les yeux; CONTR. être aveugle: *~ qc de ses (propres) yeux, ~ une pièce de théâtre, cela est agréable à ~, aller ~ qn (= lui rendre visite), ~ que* + ind., *je vois que je me suis trompé,* ~ *si* ...

... *pièce de*
..., *une ~ mondiale.*

prendre *v.* (je prends, il prend, nous prenons, ils prennent; il prit; il a pris; prenant) Mettre dans la main, se procurer; CONTR. donner, laisser, abandonner: *~ un livre/son parapluie, ~ qc dans une armoire/sur la table, ~ une affaire en main, ~ des mesures/une décision, ~ la parole, prenez garde!, ~ le parti de qn, ~ qn à témoin, ~ qn au sérieux, ~ une personne pour une autre,* ...
nez-vous?

... *se ~*
... *douche après s'être lavé les dents.*

rire 1. *v.* (je ris, il rit, nous rions, ils rient; il rit; il a ri) Montrer qu'on est gai; CONTR. pleurer: *se mettre à ~, se tordre/éclater de ~, ~ aux larmes, ~ de qn/de qc, ~ d'une plaisanterie, il m'a fait ~, c'est pour ~ que j'ai dit cela (= pour plaisanter).* ⚠ Imparfait: nous r**ii**ons, vous r**ii**ez. **2.** *m. un éclat de ~, un gros* ...
fou ~ (= ne ...

... *...sieur*
... *grand ~, un congrès de ~s.*

savoir *v.* (je sais, il sait, nous savons, vous savez, ils savent; il sut; il a su; que je sache; il saura; sachant) **1.** Avoir présent à l'esprit/être capable de pratiquer ce qu'on a appris; CONTR. ignorer: *~ l'anglais, ~ un texte par cœur, ~ un nom, ~ son rôle, ~ nager, ~ conduire une voiture, je n'en sais rien, ~ que* + ind, *~ si* + ind., *il ne sait plus ce qu'il dit, que sais-je?, faire ~ qc à qn (= informer), ne ~ que/quoi faire.* ⚠ **Pouvoir** = être physiquement capable. ⚠ Que je **sache; sachant. 2.** *le ~-faire, le ~-vivre*
savon Prod...

... *son ~ à qn, être*

voyager *v.* (-ge- devant a et o: nous voyageons; il voyageait; voyageant) Faire un voyage: *~ en voiture/en 1re classe, ~ en Allemagne/dans toute l'Europe, ~ pour son plaisir.*

(Aus: Dictionnaire scolaire du français)

Barrez ce qui est faux, copiez ce qui est juste. (Regardez la page ci-contre.)

Exemple:
~~revenis~~ / revenu ______ revenu
(Partizip Perfekt von «revenir»)

1. apercevu / apercu / aperçu ______
(Partizip Perfekt von «apercevoir»)

2. il a vit / vis / vu / vécu ______
(Partizip Perfekt von «voir»)

3. prendant / prenant / prennant ______
(Partizip Präsens von «prendre»)

4. il a rit / ris / ri ______
(Partizip Perfekt von «rire»)

5. savant / sachant ______
(Partizip Präsens von «savoir»)

6. voyagant / voyageant ______
(Partizip Präsens von «voyager»)

Barrez ce qui est faux, copiez ce qui est juste. (Consultez votre dictionnaire.)

7. étant / soyant ______
(Partizip Präsens von «être»)

8. il est mort / mouru ______
(Partizip Perfekt von «mourir»)

9. elle a écrivé / écri / écrit ______
(Partizip Perfekt von «écrire»)

10. il a croit / croyé / cru ______
(Partizip Perfekt von «croire»)

Lösungen siehe S. 38.

Lösungen zu S. 19:
1 sérieusement, 2 gentiment, 3 clairement, 4 absolument, 5 vraiment, 6 légèrement,
7 poliment, 8 confusément, 9 rarement, 10 précisément, 11 lentement, 12 énormément, 13 évidemment, 14 suffisamment, 15 exactement, 16 profondément, 17 clairement, 18 brèvement.

Deuten Sie die Angaben im Wörterbuch richtig!

Die meisten Wörterbücher geben Ihnen direkt an, ob Sie nach *que* den *subjonctif* verwenden müssen:
douter que (avec le subj.)
douter que (+ subj.)

Einige Wörterbücher geben Ihnen nur Beispiele, aus denen Sie erschließen, ob Sie den *subjonctif* verwenden müssen:
Je doute qu'il ait raison. (*ait* ist *subjonctif.*)

... sans nul doute, assurément, certainement.

douter [dute] v. t. ind. (lat. *dubitare*). 1. *Douter de qqch, de qqn,* ne pas avoir confiance, ne pas croire fermement en eux : *Douter du succès d'une entreprise. Douteriez-vous de cette personne, de sa parole?* (syn. SE DÉFIER); sans compl. : *Un prédicateur qui cherche à convaincre ceux qui doutent* (= dont la foi chancelle). — 2. *Douter que* (+ *subj.*), ne pas croire que : *Je doute qu'on puisse réparer cet objet. Nous ne doutons pas qu'il ait raison* (ou *qu'il n'ait raison*) [= ... mes persuadés]. — 3. *À n'e...*

... (syn. CONDAM-...) ... pr. *Se vouer à qqch,* s'y consacrer : ... *vouer à la défense des droits de l'homme.*

1. vouloir [vulwar] v. t. (lat. pop. *volere*) [c. 37]. 1. (sujet qqn, un animal) *Vouloir* (+ *inf.*), *vouloir que* (+ *subj.*), être décidé à (à ce que), avoir l'intention plus ou moins arrêtée, le désir de : *Elle veut savoir ce qui s'est passé* (syn. ↓DÉSIRER, ↓SOUHAITER). *Je veux que vous me rendiez compte de vos dépenses* (syn. ↑EXIGER). *Il veut se faire remarquer* (syn. AVOIR ENVIE DE, CHERCHER À). *Cheval qui ne veut pas sauter* (= qui refuse); (sujet qqch [abstrait]) *vouloir que* (+ *subj.*), l'exiger : *La tradition veut que l'on prenne ses vacances en août.* — 2. (sujet qqch) *Vouloir* (+ *inf.*), se prêter à une action, être en état de : *Du bois qui ne veut pas brûler. Nous allons partir, si toutefois le moteur veut bien démarrer.* — 3. (sujet qqn) *Vouloir qqch (concret),* en réclamer la possession, la jouissance : *Enfant qui veut ... jouet* (syn. ↓DEMANDER). *Elle veut ... elle toute seule. Voulez ...* DÉSIRER) : ...

... esp. *esperar,* ... internationale, créée en 1887 par ... Zamenhof.

espérer [ɛspere] v. t. (lat. *sperare*) [c. **10**]. 1. *Espérer qqch, que* (+ *ind.* [ou *subj.* quand la principale est négative ou interrogative]), *espérer* (+ *inf.*), l'attendre avec une confiance plus ou moins ferme : *Le gouvernement espérait une reprise de l'activité économique* (syn. PRÉVOIR, COMPTER SUR). *Nous espérons que tout se passera bien. Elle espère pouvoir reprendre ses fonctions dans quelques semaines* (syn. COMPTER). *N'espérez pas que nous changions d'avis* (syn. ESCOMPTER). *J'espère bien arriver à la convaincre* (syn. SE FLATTER DE); sans compl : *En dépit de tant de déceptions, il espère encore* (= il garde espoir). — 2. *Espérer que* (+ *ind. prés.* ou *passé*), *espérer* (+ *inf.*), souhaiter, aimer à croire : *J'espère que je ne vous ai pas trop ennuyé avec ces détails techniques. Nous espérons être arrivés au bout de nos peines.* — 3. *Espérer en qqn, en qqch,* mettre sa confiance en eux : *Nous ne pouvons plus espérer qu'en vous. J'espère en votre com...sion.*

espiègle [ɛspi...

... *et imaginables.* — ... marque une incertitude, réserve une réponse : *« Est-elle venue pendant votre absence? — C'est possible »* (= je n'en sais rien). ‖ *Est-ce possible!,* ou, fam., *pas possible!,* marquent la surprise, le scepticisme. ‖ *Il est possible que* (+ *subj.*), indique une éventualité envisagée : *Il est possible qu'il y ait une erreur.* ‖ *Matériellement possible,* se dit de qqch auquel les conditions matérielles ne s'opposent pas. — 4. *Aussitôt que possible, dès que possible,* au moment le plus proche possible. ‖ *Autant que possible,* atténue une affirmation ou renforce un ordre : *J'aimerais, autant ... possible, être fixé avant ce soir ... sible, vous écrirez lisibl... moins ...*

... *penser du bien, du mal,* ... *qqch,* avoir sur cette personne ou cette chose une opinion favorable, défavorable, etc. — 3. *Penser que* (+ *ind.*), *ne pas penser que* (+ *subj.*), considérer comme vrai (ou non), comme probable (ou non) que : *Il pense fermement que sa découverte est capitale* (syn. ÊTRE PERSUADÉ, ÊTRE CONVAINCU). *Il ne pense pas un instant qu'on puisse le tromper* (syn. IMAGINER). *Je pense que j'aurai fini ce travail demain si aucun incident ne se produit* (syn. ESPÉRER). *Je ne pense pas que ce soit très difficile* (syn. CROIRE). — 4. *Penser* (+ *inf.*) exprime soit une conviction, soit ... fait probable : *Il a agi ... faire ...*

... j'ai laissé ... CONTRÔLER, SE DOMINER, SE MAÎ-... SE MODÉRER, SE RETENIR).

content, e [kɔ̃tɑ̃] adj. (lat. *contentus*). 1. Dont les désirs, les goûts sont satisfaits, qui a ce qui lui plaît (contr. MÉCONTENT) : *Quand la saison est belle les hôteliers sont contents* (syn. JOYEUX). *Je suis très content de ma situation, de ma voiture, de cet employé* (syn. SATISFAIT). *Je serais content que vous veniez me voir* (syn. HEUREUX, ↑ENCHANTÉ, ↑RAVI). — 2. *Content de soi, de sa personne,* qui éprouve à l'égard de soi-même une satisfaction mêlée de vanité, qui s'admire : *Je suis contente de moi : j'ai fini mon travail à la date prév... est un peu trop content de lui en ...* VANITEUX). ◆ **content** ... de qqch ...

(Aus: Dictionnaire de français)

Barrez ce qui est faux, copiez ce qui est juste. (Regardez la page ci-contre.)

Exemple: Les habitants doutent ~~que Zadig est coupable~~ / que Zadig soit coupable.

Les habitants doutent que Zadig soit coupable.

1. Luc veut que vous restez là / que vous restiez là.

____

2. Il espère que Sylvie soit là / que Sylvie sera là.

____

3. Il est possible que son fils réussit / que son fils réussisse / que son fils réussira.

____

4. Je pense que cette solution est bonne / que cette solution soit bonne.

____

5. Don José est content que Carmen soit d'accord / que Carmen est d'accord / que Carmen sera d'accord.

____

Barrez ce qui est faux, copiez ce qui est juste. (Consultez votre dictionnaire.)

6. Il faut que Don José saura tout / que Don José sache tout.

____

7. Elles ne veulent pas que Christophe saura les détails / que Christophe sache les détails.

____

8. Elles disent tout simplement que c'est une erreur / que ce soit une erreur.

____

9. Le petit prince dit que sa rose soit / est la fleur la plus belle du monde.

____

10. M. Davranche a peur que le mendiant peut / puisse le reconnaître.

____

Lösungen siehe S. 38.

Nach bestimmten Konjunktionen steht immer der *subjonctif*.

... excédé (Cf. En ... *jusqu'où, jusqu'à quand, jusqu'à combien ?* (relatif ou interrogatif). *Jusqu'où allez-vous ?* ★ **II.** *(En emploi adverbial)* JUSQU'À : V. **Même.** *Il y a des noms et jusqu'à des personnes que j'ai complètement oubliés. Il n'est pas jusqu'à son regard qui n'ait changé.* ★ **III.** *Loc. conj.* JUSQU'À CE QUE *(et le subj.)* : jusqu'au moment où. *Jusqu'à ce que je revienne. Torturer qqn jusqu'à ce qu'il avoue, jusqu'à ce que mort s'ensuive.* JUSQU'À TANT QUE : (même sens). *Il insistera jusqu'à tant que nous acceptions.* ▼ **JUSQU'AU ...**
[ʒyskobutism] *n. m.* ∇ ...

... *au travail.*

PARCE QUE [paʀskə] *loc. conj.* ∇ → PAR, CE 2, QUE 1 ● Exprime la cause. V. **Attendu (que), car, puisque.** || Contr. **Bien que.** || *Nous partons parce qu'on nous attend. Plus fragile parce que plus petit. C'est parce que tu es là que je suis contente. Parce que tout semble perdu, il lâche prise.* V. **Comme.** – *Fam.* Renforce une coordination (Cf. C'est que). *« Vous en avez pour longtemps ? – Non – Parce que j'aurais pu vous attendre. »* – *(Employé seul)* Marque le refus d'une explication. *« Pourquoi dites-vous cela ? – Parce que, répond...*

PARCHE...

... *me déplaire,* ne me ... pas. – *Assez, pas assez... pour. Trop poli pour être honnête. C'est trop beau pour être vrai,* c'est impossible. ● **2°** POUR QUE (avec une subordonnée de conséquence au subj.). *Assez, trop... pour que... Il est trop menteur pour qu'on le croie. Il faut, il suffit... pour que... Pour qu'il travaille, il faut qu'on soit derrière lui.* ★ **IV.** (Cause) ● **1°** À cause de. *On l'admire pour ses qualités. Être puni pour ses crimes. Merci pour tout. Pour un oui pour un non,* à toute occasion. *Pour sa ...* ration de. *Pour quoi ? ...*

... *avons plus vu ... sommes inquiets.* – À partir de (une époque passée, un événement). *Depuis le Moyen Âge. Depuis son départ. Depuis sa mort. – Depuis Platon, Aristote.* – Loc. conj. DEPUIS QUE : *Depuis qu'il est parti.* ● **2°** Pendant la durée passée qui sépare du moment dont on parle. *Il est parti depuis dix minutes,* il y a dix minutes. V. **Voilà.** *Depuis combien de temps ? Depuis plusieurs années. Depuis longtemps. Depuis peu,* récemment. *Depuis le temps que...*, il y a si longtemps. *Depuis le temps que je lui dis d'être prudent ...*
DEPUIS... JUSQU'À : de ...

... quelque ... *quoi que ce soit il va le payer ... Il n'a jamais pu vendre quoi que ce soit.*
▼**QUOIQUE** [kwak(ə)] *conj.* ∇ → QUE 1 (REM. En principe ne s'élide pas, sauf devant il(s), elle(s), on, un(e).) ● **1°** Introduisant une proposition circonstancielle d'opposition ou de concession (suivi du subj.). V. **Bien (que), encore (que).** *Je lui confierai ce travail quoiqu'il soit bien jeune.* – (Avec ellipse du verbe) *Il était simple, quoique riche. Elle y arrive, quoique avec peine.* ● **2°** Introduisant une objection faite après coup. (REM. Dans ce cas, le verbe peut être à l'indic., au subj. ou au cond.) *Je préfère la montagne, quoique après tout ça m'est égal, quoique j'aimerais autant aller au bord de la mer, quoique aimant bien la mer.* ∇ V. aussi JE-NE-SAIS-QUOI, POURQUOI ...

QUOLIBET ...

... (REM. Ne pas ...

1. AVANT [avɑ̃] *prép.* et *adv.* ★ **I.** *Prép.* ● **1°** (Priorité de temps, antériorité) V. **Anté-, pré-, pro- 3.** *Avant cette époque. Il est debout avant le lever du soleil.* || Contr. **Après.** || *Il est arrivé avant moi,* plus tôt que moi. V. **Devancer, précéder.** – *C'était bien avant midi, un peu avant midi.* – AVANT DE (et l'inf.) : *Réfléchissez bien avant de vous décider. Elle ne fera rien avant d'avoir reçu ma lettre. Agiter avant de s'en servir.* – AVANT QUE, AVANT QUE... NE (avec le subj.) : V. **Après.** *Je le vois chaque jour avant qu'il parte* (le lien de succession entre ces deux faits n'est pas douteux). *Je voudrais bien le voir avant qu'il ne parte* (le lien de succession est douteux et *ne* souligne l'incertitude généralement liée à l'effort, la crainte, le doute, l'intention... exprimés par le v. principal). *J'arriverai avant que la porte ne soit fermée* ou *soit fermée,* selon que l'on marque l'effort (je tâcherai d'arriver) ou le simple rapport de temps (j'arriverai, c'est un fait). ● **2°** (Antériorité dans l'espace ...) situation ou d'ordre) ...

(Aus: Le Robert méthodique)

Barrez ce qui est faux, copiez ce qui est juste. (Regardez la page ci-contre.)

Exemple: Sylvie attend jusqu'à ce que Luc revienne / ~~reviendra~~.

Sylvie attend jusqu'à ce que Luc revienne.

1. La mère est fâchée parce que Joseph est / soit revenu trop tard.

___

2. Il reste tranquille pour que le soldat ne le voit / voie pas.

___

3. … depuis qu'elle est / soit seule

___

4. … quoiqu'ils n'ont pas / n'aient pas beaucoup d'argent

___

5. … avant que la belle fille est sortie / sort / sorte de la salle

___

Barrez ce qui est faux, copiez ce qui est juste. (Consultez votre dictionnaire.)

6. L'âne vient chez le lion mourant parce qu'il veut / veuille se venger.

___

7. Le lion est resté calme avant que l'âne accoure / accourt.

___

8. … sans qu'il est / soit capable de se défendre

___

9. Bien que l'agneau est / soit trop faible …

___

10. … pour que le loup saura / sache la vérité

___

11. … pourvu qu'il n'est pas / ne soit pas trop tard

___

Lösungen siehe S. 38.

In jeder Sprache – so auch im Französischen – gibt es feste Wortverbindungen. (Heißt es *au contraire* oder *en contraire, poser une question* oder *demander une question*?) Durch Nachschlagen im Wörterbuch finden Sie meist die richtige Wortverbindung und vermeiden auf diese Weise Ausdrucksfehler.

sous la ~ de qn, se décider sans ~.

le **contraire 1.** Ce qui est logiquement opposé: *«grand» est le ~ de «petit», au ~ (= par contre), c'est le ~ de qc, faire le ~ de ce que l'on a dit.* **2.** *adj.* CONTR. identique, semblable, pareil: *deux opinions ~s, la direction ~, être ~ à qc.* – *adv.* **contrairement.**

contrarier

influence ~ve sur qn.

la **décision** L'action de choisir entre plusieurs possibilités, la résolution; CONTR. l'hésitation, l'incertitude: *prendre la ~ de faire qc, ma ~ est prise, une ~ irréfléchie, obliger qn à prendre une ~.*

la **déclaration** Action

disputer, se battre: *se ~ avec qn, les frères se querellaient.*

la **question 1.** La demande; CONTR. la réponse: *poser une ~ à qn, répondre à une ~, les ~s de l'oral du bac étaient difficiles.* ⚠ «Demander une question» ne se dit pas. **2.** Le problème qu'il faut examiner: *étudier une ~ difficile, les ~s économiques et sociales, ce n'est pas la ~ (= il ne s'agit pas de cela), il est*

banque/des une administration, cet ~.

employer *v.* (j'emploie, il emploie, nous employons, ils emploient; il emploiera) **1.** Se servir de qc, utiliser qc: *~ le béton pour la construction, ~ une somme d'argent à l'achat d'une voiture, ~ un mot.* **2.** Faire travailler en donnant un salaire: *le patron emploie cinq qn comme*

se ~ pour aller danser.

la **chanson** Mélodie et paroles: *chanter une ~, l'air/les paroles/le refrain d'une ~, une ~ d'amour.* ⚠ **La** chanson.

le **chant** Action/art de

une ~s, rejeter la ~ de qc qn.

responsable *adj.* Qui a la responsabilité, qui est garant de qc: *être ~ de qc/de qn, rendre qn ~ de qc, être ~ d'un accident (= avoir causé).*

ressemblance CONTR. la contraste

(Aus: Dicitonnaire scolaire du français)

Barrez ce qui est faux, copiez ce qui est juste. (Regardez la page ci-contre.)

Exemple: ~~en contraire~~ / au contraire ____au contraire____

1. Elle fait / prend une décision importante.

____

2. Elle lui demande / pose une question.

____

3. les mots que l'auteur a pris … / employés …

____

4. le texte / les paroles d'une chanson

____

5. faire / rendre le patron responsable de l'échec

____

Barrez ce qui est faux, copiez ce qui est juste. (Consultez votre dictionnaire.)

6. mener / conduire une vie tranquille (nachsehen unter «vie»)

____

7. un trait / un signe de caractère (nachsehen unter «caractère»)

____

8. une description réaliste / réalistique

____

9. pour / de cette raison

____

10. Elle ne se trompe pas; elle a droit / raison.

____

11. d'un côté … d'autre côté / d'un côté … de l'autre côté

____

Lösungen siehe S. 38.

Jedem passiert es, daß man Vokabeln vergißt. Namentlich bei Klausuren kann man sich manchmal nicht an Vokabeln erinnern, die man eigentlich wußte. Geschicktes Nachschlagen im einsprachigen Wörterbuch kann in vielen Fällen helfen!

... temporelles,

TERREUR [tɛʀœʀ] *n. f.* ∇ → TERR- ● 1° Peur extrême qui bouleverse, paralyse. V. **Effroi, épouvante, frayeur.** *Une terreur panique. Être muet, glacé de terreur.* V. **Horreur.** *Vivre dans la terreur. Répandre, semer la terreur. Inspirer de la terreur à qqn* (V. **Terrifier**, ... *terreur de...,* inspirée ...

... papier ... et tuer les mouches.

TUER [tɥe] *v. tr.* (1) ● **I°** ● 1° Faire mourir (qqn) de mort violente. V. **Assassiner, occire** *(vx),* **supprimer ;** *(fam.* ou *pop.)* **bousiller, descendre, étendre, liquider, trucider, zigouiller ; assassinat, crime, homicide, meurtre ; -cid- 1.** *L'assassin l'a tué à coups de couteau* (V. **Poignarder**). *Tuer un condamné* (V. **Exécuter**). – Fam. *Il est à tuer !* on a envie de le tuer tant il est exaspérant. – *(Surtout au passif)* Faire mourir à la guerre (V. ...

... habitant d'un ... *jeune villageoise.* V. **Paysan.**

VILLE [vil] *n. f.* ● 1° Milieu géographique et social formé par une réunion importante de constructions et dont les habitants travaillent, pour la plupart, à l'intérieur de l'agglomération. V. **Agglomération, cité, localité ; pol(i)-, urb-.** *Les grandes villes et leurs banlieues. Ville principale.* V. **Capitale, métropole.** *Ville qui s'étend. Ville champignon*. Ville-dortoir*.* – *La ville de Paris, de Lyon. La ville de New York* (New York city). – Loc. ... *Ville lumière,* Paris. *La Ville éter...* *saintes* (Jérusalem ...

... des bouteilles.

BOUCHE [buʃ] *n. f.* ● 1° Cavité située à la partie inférieure du visage de l'homme, bordée par les lèvres, communiquant avec l'appareil digestif et avec les voies respiratoires. V. **Bec, gueule** *(fam.)* **; bucc(o)-, go(b)-, or(o)- 2, stom(ato)-.** *Ouvrir, fermer la bouche. Respirer par la bouche. S'embrasser sur la bouche, à pleine bouche, à bouche que veux-tu.* V. **Baiser.** – Les lèvres et leur expression. *Une belle bouche.* Fam. *Bouche en cul de poule. Faire la petite bouche,* le dédai... *La bouche en cœur* ...

... aigu. *Sifflement dès* ... bruit parasite perçu dans un récepteur de radio.

▼ **SIFFLET** [siflɛ] *n. m.* ● 1° Petit instrument formé d'un tuyau court à ouverture en biseau, servant à émettre un son aigu. *Le sifflet de l'arbitre.* ● 2° *Coup de sifflet,* ou absolt, *sifflet,* son produit en soufflant dans un sifflet. *S'arrêter au sifflet de l'agent de police.* – Siffle... *chanteur a été accueilli par des sif...* mécontentem...

... (se), tricoter (des jambes).

TRISTE [tʀist] *adj.* ★ **I.** ● 1° Qui est dans la tristesse. V. **Affligé.** || Contr. **Gai, joyeux.** || *Il est triste d'avoir échoué, parce qu'il a échoué.* V. **Abattu, découragé, déçu.** || Contr. **Satisfait.** || – *Ce malheur l'a rendu profondément triste.* V. **Désespéré, malheureux ; attrister.** *Elle est toute triste.* V. **Accablé.** || Contr. **Content, heureux.** || Loc. *Triste comme un bonnet de nuit.* – ... tuellement sans ...

... de farine de maïs ... (Corse).

1. POLI, IE [pɔli] *adj.* ● 1° Dont le comportement, le langage sont conformes aux règles de la politesse. V. **Civil, civilisé, courtois.** || Contr. **Impertinent, impoli, malpoli.** || *Enfant poli,* bien élevé. Il a été tout juste poli avec moi. V. **Correct.** – Loc. *Il est trop poli pour être honnête,* ses manières trop affables font supposer des intentions malhonnêtes. ● 2° (Choses) *Un refus poli,* qui s'accompagne des formes de la politesse. ∇ V. – IMPOLI, IMPOLIMENT, IMPOLITESSE ... TESSE.

... peu ouvert. ... *jouer de la clarinette.* ▼ **CLARI-**...**TISTE** [klaʀinɛtist] *n.* ● Personne qui joue de la clarinette. *Elle est clarinettiste.* ▼ **CLARTÉ** [klaʀte] *n. f.* ★ **I.** *(Concret)* ● 1° Lumière (souvent caractérisée d'une manière affective). V. **Clair ; lum(in)-.** *Faible clarté.* V. **Lueur.** *Ce soir, la lune répand une douce clarté.* V. **Clair 2.** *Vive clarté.* V. **Éclat.** || Contr. **Obscurité.** || ● 2° Qualité de ce qui est clair, transparent. V. **Limpidité.** *La clarté de l'eau était un peu troublée. La clarté du verre.* ★ **II.** *(Abstrait)* ● 1° Qualité de ce qui est facilement intelligible. V. **Netteté, précision.** *S'exprimer, parler avec clarté.* V. **Clairement.** *Cette expli...* *clarté. Clarté d'...*

... perméabilité du sol.

PERMETTRE [pɛʀmɛtʀ] *v. tr.* (56) ★ **I.** ● 1° *(Sujet personne)* Laisser faire (qqch.), ne pas empêcher. V. **Autoriser, tolérer ; lic-, lois-.** || Contr. **Défendre, empêcher, interdire.** || PERMETTRE QUE *(et le subj.)*: V. **Admettre, consentir.** *Ma mère ne permet pas que nous sortions.* – PERMETTRE QQCH. À QQN : V. **Accorder, autoriser.** *Son médecin lui permet le tabac ...* *les visites sont permi...*

(Aus: Le Robert méthodique)

Que veut dire … ? (Regardez la page ci-contre.)

a) Vokabeln erschließen über **Definitionen, Beispiele, Synonyme**:

Beispiel: Was heißt „Angst“? (Ich kenne *terreur*.) la peur

1. Was heißt „ermorden“? (Ich kenne *tuer*.) ______
2. Was heißt „Vorort“? (Ich kenne *ville*.) ______
3. Was heißt „Lippe“? (Ich kenne *bouche*.) ______
4. Was heißt „Schiedsrichter“? (Ich kenne *siffler / sifflet*.) ______

b) Vokabeln erschließen über **Gegensätze** *(le contraire)*:

5. Was heißt „fröhlich“? (Ich kenne *triste*.) ______
6. Was heißt „unverschämt“? (Ich kenne *poli / la politesse*.) ______
7. Was heißt „Dunkelheit“? (Ich kenne *la clarté*.) ______
8. Was heißt „verbieten“? (Ich kenne *permettre*.) ______

Que veut dire … ? (Consultez votre dictionnaire.)

9. Was heißt „Flügel“? (Ich kenne *oiseau*.) ______
10. Was heißt „Rahmen“? (Ich kenne *tableau*.) ______
11. Was heißt „Strauß“? (Ich kenne *fleur*.) ______
12. Was heißt „hassen“? (Ich kenne *aimer*.) ______

Lösungen siehe S. 38.

Lösungen zu S. 21:
1 content de ce succès, 2 responsable de l’échec, 3 se rappelle cette nuit, 4 téléphone à sa mère, 5 parlent de leurs intentions, 6 se venger de l’injustice, 7 a besoin de beaucoup de repos, 8 la cause de la misère, 9 pitié du mendiant.

Lösungen zu S. 23:
1 elle l'appelle, 2 lui demande, 3 Il lui raconte, 4 Elle l'attend, 5 Elle le plaint, 6 lui montre, 7 l'aide, 8 Il ne répond pas à la question, 9 le flattent.

Lösungen zu S. 25:
1 désire revoir, 2 hésite à ouvrir, 3 refuse d'obéir, 4 réussi à convaincre, 5 obligée à accepter,
6 a décidé de mourir, 7 aide à supporter, 8 demande de lui donner, 9 permet pas de quitter.

Lösungen zu S. 27:
1 s'appelle, 2 nous apprenons, 3 ils deviendront, 4 il voit, 5 qu'elle sache, 6 Son oncle vit,
7 il reçoit, 8 il demeure, 9 Elle lui jette, 10 Il regrette, 11 qu'il puisse, 12 qu'elle ait.

Lösungen zu S. 29:
1 aperçu, 2 vécu, 3 prenant, 4 ri, 5 sachant, 6 voyageant,
7 étant, 8 mort, 9 écrit, 10 cru.

Lösungen zu S. 31:
1 restiez, 2 sera, 3 réussisse, 4 est, 5 soit,
6 sache, 7 sache, 8 c'est, 9 est, 10 puisse.

Lösungen zu S. 33:
1 est, 2 voie, 3 est, 4 aient, 5 sorte,
6 veut, 7 accoure, 8 soit, 9 soit, 10 sache, 11 soit.

Lösungen zu S. 35:
1 prend une décisiion, 2 pose une question, 3 employés, 4 les paroles d'une chanson, 5 rendre responsable,
6 mener une vie, 7 un trait de caractère, 8 une description réaliste, 9 pour cette raison, 10 elle a raison, 11 de l'autre côté.

Lösungen zu S. 37:
a) 1 assassiner, 2 la banlieue, 3 la lèvre, 4 l'arbitre,
b) 5 gai, gaie, 6 insolent, impertinent, 7 l'obscurité, 8 défendre,
9 l'aile, 10 le cadre, 11 le bouquet, 12 haïr, détester.

Grammatik wiederholen

Regelmäßig Grammatik wiederholen?

Sie wissen selbst, wie sinnvoll das ist. – Aber: Nur verhältnismäßig wenige Fehler werden gemacht, weil Schülerinnen und Schüler Lücken in ihren Grammatik-Kenntnissen haben.
Solche Lücken können entstehen,

- weil im Laufe der Zeit früher gelernte Regeln wieder vergessen werden,
- weil die Regeln, Ausnahmen und Besonderheiten, die für das Schreiben von Klausuren besonders wichtig sind, nicht oft genug wiederholt wurden,
- weil auf die grammatischen Unterschiede zwischen Französisch, der 1. Fremdsprache und der Muttersprache nicht nachdrücklich genug hingewiesen wurde.

Wie kann ich meine Wissenslücken im Bereich Grammatik erkennen und auffüllen?

Seien Sie sehr sorgfältig bei den **Berichtigungen** Ihrer Klausuren! Wenn Sie nicht verstehen, warum etwas falsch ist und wie es richtig heißen muß, fragen Sie Ihren Französischlehrer/Ihre Französischlehrerin. Sehen Sie auch in Ihrer Schulgrammatik nach. Am schnellsten finden Sie dort die gesuchten Regeln, wenn Sie den Einstieg nicht vorn über das Inhaltsverzeichnis, sondern hinten über das Register suchen.
Wenn Sie Ihre Klausuren nicht bis zum nächsten Termin behalten dürfen, kopieren Sie sich Text und Berichtigung. Wichtig ist, daß Sie sich **vor** der nächsten Klausur noch einmal mit Ihren Fehlern beschäftigen, um sie zu vermeiden.

Sehr sinnvoll ist es, nicht nur die Berichtigung anzufertigen, sondern zusätzlich noch eine **persönliche Fehlerstatistik** anzulegen. Das geht so: Sie kopieren sich das Inhaltsverzeichnis Ihrer Schulgrammatik und markieren die Kapitel, bei denen Sie Fehler gemacht haben. Wenn Sie das nach allen Klausuren durchhalten, erkennen Sie sehr deutlich, wo Ihre persönlichen Schwächen liegen und welche grammatischen Kapitel Sie wiederholen sollten.

Auf den folgenden Seiten dieser Lernhilfe finden Sie eine Zusammenstellung der Grammatik-Kapitel, die Schülern erfahrungsgemäß besonders viele Schwierigkeiten machen. Tests, Regeln und Übungen bieten Ihnen ein wirksames Trainingsprogramm.

1. Schritt:	Bearbeiten Sie zunächst den **Test**.	
2. Schritt:	Wenn Sie beim Test keinen Fehler gemacht haben, können Sie das Kapitel überspringen. Bearbeiten Sie dann den nächsten Test.	Bei Fehlern oder wenn Ihnen eine Wiederholung nützlich erscheint, lesen Sie die Regeln auf den nächsten Seiten durch, und bearbeiten Sie die Übungen.

Test

Barrez ce qui est faux. Juste:

Exemple:

		Juste:
trouver beaucoup de ressemblances	(1)	1
~~trouver beaucoup des ressemblances~~	(2)	
il ne fait pas de fautes	(3)	
il ne fait pas des fautes	(4)	
le père lui donne d'argent	(5)	
le père lui donne de l'argent	(6)	
elle se pose de questions	(7)	
elle se pose des questions	(8)	
à cette époque, …		
… il n'y avait pas de guerre	(9)	
… il n'y avait pas de la guerre	(10)	
montrer peu de respect	(11)	
montrer peu du respect	(12)	
il n'a pas de chance	(13)	
il n'a pas de la chance	(14)	
l'auteur emploie adjectifs	(15)	
l'auteur emploie d'adjectifs	(16)	
l'auteur emploie des adjectifs	(17)	
elle éprouve joie	(18)	
elle éprouve de joie	(19)	
elle éprouve de la joie	(20)	
On a besoin de beaucoup patience.	(21)	
On a besoin de beaucoup de patience.	(22)	
Il a esprit.	(24)	
Il a d'esprit.	(25)	
Il a de l'esprit.	(26)	
Il a du l'esprit.	(27)	

Lösungen siehe S. 44.

Der Plural von *le/la/l'* ist	*les*	(bestimmte Anzahl).
Der Plural von *un/une* ist	*des*	(unbestimmte Anzahl).
lire un roman, lire	des	roman**s**
lire une nouvelle, lire	des	nouvelle**s**

1. chercher un mot
   chercher des mots
2. formuler une phrase
3. Il y a encore une difficulté.
4. L'auteur expose un bon argument.
5. Elle fait un effort[1].
6. Il y a une allusion[2] amusante.
7. Je cherche une explication claire.
8. C'est une différence importante.
9. L'auteur attire notre attention sur un détail pittoresque[3].

Lösungen siehe S. 46.

[1] un effort eine Anstrengung
[2] une allusion eine Anspielung
[3] pittoresque anschaulich

Der **Teilungsartikel** *(du, de la, de l')* drückt eine unbestimmte Menge aus.

	du	pain	masculin
	de la	confiture	féminin
	de l'	eau	féminin
Ebenso:	du	courage	masculin
	de la	joie	féminin

1. avoir ________ esprit — masculin
2. montrer ________ admiration — féminin
3. montrer ________ bonne volonté — féminin
4. causer ________ chagrin[1] — masculin
5. avoir ________ aversion[2] pour qn — féminin
6. éprouver ________ compassion[3] — féminin
7. Donner ________ argent aux pauvres. — masculin

Unterscheide: Teilungsartikel oder Präposition + Artikel

	Teilungsartikel	Präposition + Artikel
a) un extrait[4] du roman	○	⊗
b) être content du succès	○	○
c) montrer du courage	○	○
d) La famille a de l'argent.	○	○

Lösungen siehe S. 50.

[1] le chagrin	der Kummer	[3] la compassion	das Mitgefühl
[2] l'aversion (f.)	die Abneigung	[4] un extrait	ein Auszug

Statt *du, de la, de l'* oder *un, une, des* steht nur *de*

1. nach vielen Mengenangaben:

beaucoup	de	courage
peu	de	courage

2. nach Verneinung:

Il ne montre pas de courage.

1. Elle lui montre de la sympathie.
   Elle lui montre tant de sympathie. — tant[1]
   ______ — pas
2. Le jeune homme dit des bêtises[2].
   ______ — beaucoup
   ______ — pas
3. On y trouve des ressemblances[3].
   ______ — peu
   ______ — pas
4. Ce poème a un titre …
   ______ — pas
5. Il y a des problèmes sérieux.
   ______ — un grand nombre
   ______ — pas
6. La famille a de l'argent.
   ______ — assez
   ______ — pas assez

Lösungen siehe S. 51.

[1] tant — soviel
[2] la bêtise — die Dummheit
[3] la ressemblance — die Ähnlichkeit

Lösungen zu S. 41: 1, 3, 6, 8, 9, 11, 13, 17, 20, 22, 26.

Test

Barrez ce qui est faux. Juste:

Exemple:
~~Qui est là? Il.~~ (1) 2
Qui est là? Lui. (2)

Il, le maître, prend les décisions. (3) ☐
Lui, le maître, prend les décisions. (4)

Je, peut-être, partirai demain. (5) ☐
Moi, peut-être, partirai demain. (6)

Il les veut quitter. (7) ☐
Il veut les quitter. (8)

Son père ne le peut plus aider. (9) ☐
Son père ne peut plus l'aider. (10)

Il la serre la main. (11) ☐
Il lui serre la main. (12)
(Er drückt ihr die Hand.)

Marius veut épouser elle. (13)
Marius veut l'épouser. (14) ☐
Marius la veut épouser. (15)
(Marius will sie heiraten.)

Olivier parle à ses amis.
Il veut fêter son anniversaire avec ils. (16) ☐
Il veut fêter son anniversaire avec eux. (17)

Alain est un égoïste.
Il ne pense qu'à soi et à ses avantages. (18) ☐
Il ne pense qu'à lui et à ses avantages. (19)

Il voit elle dans l'aéroport. (20) ☐
Il la voit dans l'aéroport. (21)
(Er sieht sie im Flughafen.)

Lösungen siehe S. 52.

Statt der Personalpronomen *je, tu, il* und *ils* muß man *moi, toi, lui* und *eux* gebrauchen,

1. wenn das Personalpronomen allein steht:
   Qui est là? Moi . C'est moi .
2. zur Betonung:
   Moi , je reste ici.
3. wenn das Personalpronomen vom Verb getrennt ist:
   Lui , ce matin, reste à la maison.

Elle, nous, vous und *elles* bleiben erhalten.

1.	Elle demande: ________ viens?	du
2.	________ pas. Non, ________ ne viens pas.	ich
3.	________ , ________ ne vient pas non plus.	er
4.	________ d'abord, ________ après.	ich, du
5.	Sa femme et ________.	er
6.	________ est avare[1].	er
7.	________ , malgre[2] son argent, est avare.	er
8.	Pour ________ , ________ pense que c'est faux.	ich
9.	Zadig attend. ________ et l'Arabe sont là.	er
10.	________ parle de sa «misère», ________ qui n'a jamais été malheureux.	er

Lösungen siehe S. 52.

[1] avare geizig [2] malgré trotz

Lösungen zu S. 42:
1 chercher des mots. 2 formuler des phrases. 3 des difficultés. 4 des (de) bons arguments. 5 des efforts. 6 des allusions amusantes. 7 des explications claires. 8 Ce sont des différences importantes. 9 des détails pittoresques.

Das Objektpronomen steht

1. entweder vor der Personalform des Verbs:

On le **connaît**.	(Man kennt ihn.)
On lui **dit** bonjour.	(Man sagt ihm guten Tag.)

2. oder vor dem Infinitiv (wenn vorhanden)*:

Il aimerait la **voir**.	(He would like to see her.)
Il peut la **comprendre**.	(He can understand her.)

* Beachten Sie die Ausnahmen bei den Verben *faire* (veranlassen), *laisser* (zulassen), *entendre, écouter, voir, regarder, sentir.*
Il **me fait** venir. Il **me voit** venir.

1. Il _______ voit _______.	la
2. Elle _______ voit _______ aussi.	le
3. Il _______ demande _______.	lui
4. Vous _______ pouvez _______ aider?	me/m'
5. Il _______ explique _______ ses difficultés.	lui
6. Elle _______ dit _______ ce qu'il faut faire.	lui
7. Il _______ dit _______ merci.	lui
8. Elle _______ va _______ accompagner.	le/l'
9. Elle _______ a _______ accompagné.	le/l'
10. Le marchand _______ rend _______ la monnaie[1].	lui
11. Le marchand _______ doit _______ rendre la monnaie.	lui
12. Le marchand _______ a _______ rendu la monnaie.	lui

Lösungen siehe S. 54.

[1] la monnaie hier: das Wechselgeld

lui wird gebraucht

1. als Subjekt (vgl. S. 46): Lui seul est venu.
2. als indirektes Objekt: On lui dit bonjour.
3. als Objekt nach Präposition: On parle de lui.
4. als Reflexivpronomen (sich): Pierre est sûr de lui.

Beachten Sie die beiden Schwierigkeiten:

- *lui* (indirektes Objekt) bedeutet „ihm" **und** „ihr".
  Je lui parle. (= Ich spreche mit ihm. / Ich spreche mit ihr.)
- Das Reflexivpronomen *lui* bezieht sich auf eine bestimmte Person. Wenn das Beziehungswort *on, tout le monde, chacun, quelqu'un* ist, steht *soi* statt *lui*.
  Pierre travaille pour lui. Chacun pour soi.

Übersetzen Sie.

1. Ich sage ihm guten Morgen. / Ich sage ihr guten Morgen.

____

2. Ich zeige ihm den Brief. / Ich zeige ihr den Brief.

____

3. Ich frage ihn. / Ich frage sie.

____

4. Luc gibt ihm eine Antwort. / Luc gibt ihr eine Antwort.

____

Ergänzen Sie *lui* oder *soi*.

5. Luc est le premier. Il est fier[1] de ________.
6. Pour réussir, il faut avoir confiance en ________.
7. Luc est très content de ________.
8. Luc a une bonne opinion de ________-même.
9. Le petit prince regarde autour de ________.
10. La Fontaine: On a souvent besoin d'un plus petit que ________.

Lösungen siehe S. 55.

[1] fier, fière stolz

Test

Barrez ce qui est faux. Juste:

Exemple:

le bonheur –	ce bonheur	(1)	1
	~~cet bonheur~~	(2)	
une histoire –	cet histoire	(3)	
	cette histoire	(4)	☐
	cette belle histoire	(5)	
la pièce –	ce pièce de théâtre	(6)	
	cet pièce de théâtre	(7)	
	cette pièce de théâtre	(8)	☐
	cettes pièces de théâtre	(9)	
	ces pièces de théâtre	(10)	
un homme –	ce homme	(11)	
	cet homme	(12)	☐
	ce jeune homme	(13)	
	cet jeune homme	(14)	
le monde –	dans ce monde	(15)	☐
	dans cette monde	(16)	
Voici une lettre.	C'est celui que j'ai attendu.	(17)	
	C'est celle que j'ai attendue.	(18)	☐
	C'est celle-ci de mon oncle.	(19)	
	C'est celle de mon ami.	(20)	
Je ne peux pas accepter	ce deux raisons.	(21)	
	cettes deux raisons.	(22)	☐
	ces deux raisons.	(23)	
On ne connaît pas	cet garçon.	(24)	☐
	ce garçon.	(25)	

Lösungen siehe S. 56.

Unterscheiden Sie *ce, cet, cette*!

ce	Das nächste Wort beginnt mit Konsonant und ist männlich.	ce ce	monsieur jeune homme
cet	Das nächste Wort beginnt mit Vokal oder stummem h* und ist männlich.	cet cet	écrivain homme
cette	Das nächste Wort ist weiblich.	cette	femme

* Wenn Sie zweifeln, ob ein Wort mit stummem h beginnt oder nicht, sehen Sie im Wörterbuch nach. In den französischen Wörterbüchern steht vor Wörtern mit **gesprochenem h** ein * oder ', vor den Wörtern mit stummem h steht nichts: **homard* beginnt mit gesprochenem h. – *homme* beginnt mit stummem h. (Im «Dictionnaire scolaire» steht vor Wörtern mit gesprochenem h der bestimmte Artikel, vor denen mit stummem h der unbestimmte Artikel: *le homard, un homme.*)

1. un extrait ________ extrait du roman
2. le mot ________ mot vulgaire
3. la phrase ________ phrase est difficile à comprendre
4. une anecdote ________ anecdote est drôle
5. une intention ________ intention
6. un aspect ________ aspect intéressant
7. un nouvel aspect ________ nouvel aspect
8. la décision ________ décision rapide
9. une importante décision ________ importante décision
10. un épisode ________ épisode de la guerre

Lösungen siehe S. 56.

Lösungen zu S. 43:
1 de l'esprit, 2 de l'admiration, 3 de la bonne volonté, 4 du chagrin,
5 de l'aversion, 6 de la compassion, 7 de l'argent.
Teilungsartikel: b, c, d. – Präposition + Artikel: a.

Der Plural von *ce, cet, cette* ist *ces*.*

ce monsieur	–	ces	messieurs
cet homme	–	ces	hommes
cette femme	–	ces	femmes

* Eine Form „cettes" gibt es nicht!
Entsprechend: *le, la – les / mon, ma – mes / ce, cette – ces.*

1. ce mot – ________ mots
2. cette phrase – ________ phrases longues
3. cette question – ________ questions importantes
4. cet extrait – ________ extraits du roman
5. cette décision – ________ décisions
6. ________ anecdote est amusante.
   ________ anecdotes sont amusantes.
7. ________ chapitre du roman m'a plu[1].
   ________ chapitres du roman m'ont plu.
8. ________ aspect me paraît[2] intéressant.
   ________ aspects me paraissent intéressants.

Lösungen siehe S. 58.

[1] plu (plaire) gefallen [2] paraître erscheinen

Lösungen zu S. 44:
1 tant de sympathie, pas de sympathie, 2 beaucoup de bêtises, pas de bêtises, 3 peu de ressemblances, pas de ressemblances, 4 pas de titre, 5 un grand nombre de problèmes, pas de problèmes, 6 assez d'argent, pas assez d'argent.

Celui-ci, celle-ci, ceux-ci, celles-ci verlieren das *-ci**

1. vor Relativsatz:	Celui-ci	est là.
	Celui	que j'ai vu …
2. vor *de:*	Celui	de nous …

* Das gilt ebenso für *-là* bei *celui-là, celle-là* etc.

1.	Voici des poèmes de Victor Hugo. Tu connais __________?	ceux(-ci)
2.	Tu connais __________ qui sont dans ce volume[1]?	ceux(-ci)
3.	Regarde __________.	ceux(-ci)
4.	Tu as lu ces romans? – J'ai lu __________ de Balzac.	celui(-ci)
5.	__________ qui m'a plu est «Eugénie Grandet».	celui(-ci)
6.	On peut comparer les mœurs[2] d'aujourd'hui et __________ d'autrefois[3].	celles(-ci)
7.	Les comédies de Molière sont plus amusantes que __________ de Beaumarchais.	celles(-ci)
8.	Je les trouve très amusantes, __________ que j'ai lues.	celles(-ci)
9.	Le lion mourant est __________ qui est faible	celui(-ci)
	et l'âne[4] __________ qui est fort.	celui(-ci)
10.	Tu connais la fable? __________ est tragique.	celle(-ci)

Lösungen siehe S. 59.

[1] le volume	der Band	[3] autrefois	früher
[2] les mœurs (f. pl.)	die Sitten	[4] l'âne (m.)	der Esel

Lösungen zu S. 45 und 46:
2, 4, 6, 8, 10, 12, 14, 17, 19, 21.
1 tu viens? 2 Moi pas. Non, je ne viens pas. 3 Lui, il ne vient pas. 4 Moi d'abord, toi après. 5 Sa femme et lui. 6 Il est avare. 7 Lui, malgré son argent, 8 moi, je pense, 9 Lui et l'Arabe, 10 Il parle …, lui qui n'a jamais …

Test

Barrez ce qui est faux. Juste:

Exemple:
Voici une proposition …
~~… que me paraît excellente.~~ (1)
… qui me paraît excellente. (2) 2,3
… que j'accepte volontiers. (3)

Argon n'a pas oublié …
… que sa femme a fait pour lui. (4)
… ce que sa femme a fait pour lui. (5)
… qu'est-ce que sa femme a fait pour lui. (6)

Fanny n'a pas compris …
… que Marius a voulu dire. (7)
… ce que Marius a voulu dire. (8)

Elle lui demande qu'il veut faire. (9)
Elle lui demande ce qu'il veut faire. (10)

Elle ne sait pas …
… qu'est-ce qu'elle doit faire. (11)
… ce qu'elle doit faire. (12)
… qu'elle doit faire. (13)

Elle sait que tout elle ferait est dangereux. (14)
Ellle sait tous qu'elle ferait est dangereux. (15)
Elle sait que tout ce qu'elle ferait est dangereux. (16)

L'anecdote, j'ai entendu, est amusante. (17)
L'anecdote, que j'ai entendue, est amusante. (18)

L'auteur nous raconte …
… ce que la famille fait le dimanche. (19)
… qu'est-ce que la famille fait le dimanche. (20)

Lösungen siehe S. 59.

qui – Subjekt im Relativsatz
que – Objekt im Relativsatz

Voici une fable	qui	me plaît.
que	La Fontaine	a écrite.
	Subjekt	

Das Relativpronomen darf nicht – wie im Englischen – fortgelassen werden!
The words he uses ...
Les mots **qu'**il emploie ...

1. Le texte, ________ Pagnol a écrit ...
2. Le texte, ________ je vais expliquer ...
3. Le texte, ________ est amusant ...
4. C'est un argument, ________ n'est pas convainquant[1].
5. C'est un argument, ________ je n'accepte pas.
6. C'est un argument, ________ me paraît faux.

Dans cette fable, il s'agit d'un lion,

7. ________ a été cruel[2].
8. ________ est vieux et faible.
9. ________ les animaux ne respectent plus.
10. Moi, ________ suis contre le fanatisme ...

Lösungen siehe S. 60.

[1] convainquant, e überzeugend [2] cruel, cruelle grausam

Lösungen zu S. 47:
1 Il la voit. 2 Elle le voit. 3 Il lui demande. 4 Vous pouvez m'aider? 5 Il lui explique. 6 Elle lui dit. 7 Il lui dit. 8 Elle va l'accompagner. 9 Elle l'a accompagné. 10 Le marchand lui rend. 11 Le marchand doit lui rendre. 12 Le marchand lui a rendu.

Unterscheiden Sie:

ce que (= was)
1. Relativpronomen (ohne Beziehungswort im übergeordneten Satz)
2. indirektes Fragepronomen

Qu'est-ce que ... ? (= Was?)
direktes Fragepronomen

Je résume ce que l'auteur raconte.
Qu'est-ce que l'auteur raconte?

Übersetzen Sie (verwenden Sie *ce que* oder *qu'est-ce que*).

1. Was tut die Familie Davranche?

____

2. Der Autor erzählt uns, was die Familie Davranche sonntags tut.

____

3. Was hat Onkel Jules geschrieben?

____

4. Frau Davranche erzählt, was Jules geschrieben hat.

____

5. Was will der Fuchs (le renard)?

____

6. Der Rabe (le corbeau) versteht nicht, was der Fuchs will.

____

7. Was bewundert (admirer) der Fuchs?

____

Lösungen siehe S. 64.

Lösungen zu S. 48:
1 Je lui dis bonjour. 2 Je lui montre la lettre. 3 Je lui demande. 4 Luc lui donne une reponse. 5 Il est fier de lui. 6 confiance en soi. 7 content de lui. 8 de lui-même. 9 autour de lui. 10 que soi.

So wird an *tout, tous, toutes* ein Relativsatz angeschlossen:

tout	**ce**	Relativsatz
tous	**ceux**	Relativsatz
toutes	**celles**	Relativsatz

Tout ce que j'ai lu ...
(Alles, was ich gelesen habe ...)

Tous ceux qui ont vu ce film ...
(Alle, die den Film gesehen haben ...)

Übersetzen Sie.

1. Alle, die Julien kennt ...

____

2. Alle, die ihn kennen ...

____

3. Nach allem, was passiert ist ...

____

4. Hier sind die Briefe. Es sind alle, die er bekommen hat.

____

5. Alles, was ihm bleibt, ist die Erinnerung.

____

6. Ich fasse alles zusammen (résumer), was Argon sagt.

____

Lösungen siehe S. 66.

Lösungen zu S. 49 und 50:
1, 4, 5, 8, 10, 12, 13, 15, 18, 20, 23, 25.
1 cet extrait, 2 ce mot, 3 cette phrase, 4 cette anecdote, 5 cette intention, 6 cet aspect, 7 ce nouvel aspect, 8 cette décision, 9 cette importante décision, 10 cet épisode.

Test

Barrez ce qui est faux. Juste:

Exemple:

il a oublié son parapluie	(1)	1,2
elle a oublié son parapluie	(2)	
~~elle a oublié sa parapluie~~	(3)	
Frédéric parle de son mère	(4)	☐
Frédéric parle de sa mère	(5)	
Les frères parlent de leur mère	(6)	
elle dit clairement sa opinion	(7)	☐
elle dit clairement son opinion	(8)	
sa idée me paraît absurde	(9)	☐
son idée me paraît absurde	(10)	
sa nouvelle idée me paraît absurde	(11)	
elle a fini ses études	(12)	☐
elle a fini leurs études	(13)	
Luc et Marc ont fini leurs études	(14)	
Qui est-elle?		
Je veux faire sa connaissance.	(15)	☐
Je veux faire la connaissance d'elle.	(16)	
cet article de journal a perdu son actualité	(17)	☐
cet article de journal a aperdu sa actualité	(18)	
il leur explique ce qu'il faut faire	(19)	☐
il leurs explique ce qu'il faut faire	(20)	

Lösungen siehe S. 66.

Im Deutschen unterscheidet man:

Er spricht von **seinen** Plänen.

Sie spricht von **ihren** Plänen.

Im Französischen richtet sich der Possessivbegleiter nicht nach dem Geschlecht des Besitzers oder der Besitzer, sondern nur nach dem **Geschlecht und Numerus des Besitzes.**

Il parle de ses projets.

Elle parle de ses projets.

Übersetzen Sie.

1. Er spricht von seiner Jugend. / Sie spricht von ihrer Jugend.

2. Er denkt an seine Zukunft (l'avenir). / Sie denkt an ihre Zukunft.

3. Das ist seine Meinung. / Das ist ihre Meinung.

4. Das sind seine Eltern. / Das sind ihre Eltern.

5. Er erzählt von seiner Reise (raconter qc). / Sie erzählt von ihrer Reise.

6. Das ist sein Sohn. / Das ist ihr Sohn.

Lösungen siehe S. 67.

Lösungen zu S. 51:
1 ces mots, 2 ces phrases longues, 3 ces questions, 4 ces extraits, 5 ces décisions, 6 cette anecdote, ces anecdotes, 7 ce chapitre, ces chapitres, 8 cet aspect, ces aspects.

Es heißt *mon oncle, ma tante,* aber auch *mon amie,* obwohl *amie* weiblich ist.
Die Possessivbegleiter *mon, ton, son* stehen auch vor weiblichen Nomen (Substantiven), die mit **Vokal** oder **stummem h*** beginnen.

mon idée (f.)	mon habitude (f.)
ton idée	ton habitude
son idée	son habitude

* Zu Wörtern mit stummem h siehe auch S. 50.

1. une opinion	C'est ________ opinion.	mon/ma
2. un avis[1]	à ________ avis	mon/ma
3. une objection[2]	Je comprends ________ objection.	son/sa
4. une argumentation	________ argumentation est claire	son/sa
5. une intention	Quelle est ________ intention?	son/sa
6. une intention	cacher ________ mauvaise intention	son/sa
7. un idéal	C'est ________ idéal.	mon/ma
8. une idée	________ idée est excellente.	son/sa
9. une aversion	vaincre ________ aversion	son/sa
10. une émotion	dissimuler ________ émotion	son/sa

Lösungen siehe S. 68.

[1] un avis eine Meinung [2] une objection ein Einwand

Lösungen zu S. 52 und 53:
1 Tu connais ceux-ci? 2 ceux qui sont … 3 Regarde ceux-ci. 4 celui de Balzac … 5 Celui qui m'a plu … 6 celles d'autrefois … 7 celles de Beaumarchais … 8 celles que j'ai lues … 9 celui qui est faible et l'âne celui qui est fort … 10 Celle-ci est tragique.
2, 3, 5, 8, 10, 12, 16, 18, 19.

Wie unterscheidet man *leur* und *leurs*?

Mehrere Besitzer sind vorhanden.
Sie haben gemeinsam **einen** Besitz: leur
Sie haben gemeinsam **mehrere** Besitztümer: leur**s**

Les élèves et leur professeur.
Les élèves et leurs professeurs.

Beachten Sie: *leur* kann auch Objektpronomen sein. Dann bekommt es kein -*s*!
Je **leur** dis bonjour. Elle **leur** pose des questions.

1. Les parents et __________ enfants.
2. Les parents et __________ fille.
3. Les enfants vivent chez __________ parents.
4. Ils expliquent __________ projets.
5. Ils expliquent __________ intention.
6. Ses deux sœurs et __________ amis.
7. Olivier et Luc me montrent __________ amitié.
8. Les Davranche parlent souvent de __________ oncle.
   Il est __________ seul espoir[1].
9. Les deux poètes restent seuls avec __________ sentiments
   et __________ souvenirs.

Lösungen siehe S. 69.

[1] un espoir eine Hoffnung

Lösungen zu S. 54:
1 que Pagnol a écrit, 2 que je vais expliquer, 3 qui est amusant, 4 qui n'est pas convainquant, 5 que je n'accepte pas, 6 qui me paraît faux, 7 qui a été cruel, 8 qui est vieux, 9 que les animaux ne respectent plus, 10 qui suis contre.

Test

Barrez ce qui est faux. Juste:

Exemple:
Elle est polie:
~~elle parle poliement~~ (1) 2
elle parle poliment (2)

Sandrine n'est pas comme les autres:
elle se comporte différente (3)
elle se comporte différentement (4) ☐
elle se comporte différemment (5)

voici une illusion qui est bien (6)
voici une illusion qui est bon (7) ☐
voici une illusion qui est bonne (8)

le plus mieux monde (9) ☐
le meilleur monde (10)

Seulement Voltaire possède ce style ironique. (11)
Seul Voltaire possède ce style ironique. (12) ☐
Seul il possède ce style ironique. (13)
Lui seul possède ce style ironique. (14)

Aussi ce roman de Simenon me plaît. (15) ☐
Ce roman de Simenon me plaît aussi. (16)
(Auch dieser Roman von Simenon gefällt mir.)

Seulement ce roman est intéressant. (17)
Seul ce roman est intéressant. (18) ☐
Ce roman seul est intéressant. (19)
(Nur dieser Roman ist interessant.)

Lösungen siehe S. 71.

Im Deutschen werden Adjektive auch als Adverbien gebraucht, ohne daß eine besondere Endung angehängt wird.
Im Französischen werden Adjektiv und Adverb unterschieden.

Das **Adjektiv** bezieht sich immer auf ein Nomen (Substantiv) oder Pronomen.
La discussion est vive.

Elle est vive.

Das **Adverb** bezieht sich auf ein Verb. (Seltener auf ein Adjektiv oder ein anderes Adverb.)

On discute vivement. (Énormément difficile. Vraiment bien.)

1. On m'a reçu ______________________ . cordial, cordiale; cordialement[1]
2. Un accueil[2] ______________________ . " "
3. Elle est affectueuse[3] et ______________________ . " "
4. Donner une réponse ______________________ . poli[4], polie; poliment
5. Il faut répondre ______________________ . " "
6. Luc est ______________ envers les dames. " "
7. Elle refuse ______________ l'invitation. " "
8. C'est une histoire ______________________ . vrai, vraie; vraiment
9. Je suis ______________ très surpris. " "
10. C'est une différence ______________________ . énorme; énormément

Lösungen siehe S. 73.

[1] cordial, e — herzlich
[2] un accueil — ein Empfang
[3] affectueux, se — liebenswürdig
[4] poli, polie — höflich

Nur kann man übersetzen mit *ne … que,* mit dem Adverb *seulement* oder mit dem Adjektiv *seul, seule.*
Das Subjekt wird mit *seul, seule* eingeschränkt. (*Seul, e* steht vor oder hinter dem Nomen. Es steht immer hinter dem Pronomen.)

Molière seul a critiqué les hypocrites.
Seul Molière a critiqué les hypocrites.
Lui seul a critiqué les hypocrites.

Andere Satzteile werden mit *seulement* eingeschränkt.

Übersetzen Sie (verwenden Sie *seul, seule* oder *seulement*).

1. Nur dieser Textteil (le passage) ist wichtig.

2. Der Autor wiederholt nur, was er schon gesagt hat.

3. Nur Colette hat so gut die Katzen beschrieben.

4. Nur sie konnte ihre Seele (son âme) verstehen.

5. Nur La Fontaine hat Ludwig XIV. in seinen Fabeln kritisiert.

6. Nur er hat berühmte Fabeln geschrieben.

7. Er hat andere Werke geschrieben (d'autres œuvres), nicht nur Fabeln.

Lösungen siehe S. 74.

Unterscheiden Sie:

Die Bedeutung von *aussi*
- mitten im Satz oder am Satzende: **auch, ebenso** (= *également*). (**Auch nicht** ist zu übersetzen mit *pas non plus!)*
- am Satzanfang: **daher.** *(C'est pourquoi* ist viel geläufiger.)

Übersetzen Sie (verwenden Sie *aussi*).

1. Schlaf gut. – Du auch!

___

2. Das ist auch meine Meinung (avis).

___

3. Mein Vater ist nicht zufrieden. Ich auch nicht.

___

4. Luc war dort. Sandrine auch.

___

5. Sie ist immer freundlich (aimable); daher lieben sie alle.

___

6. M. Davranche wußte das auch nicht.

___

7. Auch dieses Argument ist überzeugend (convainquant).

___

8. Daher gibt es keinen Zweifel mehr.

___

Lösungen siehe S. 75.

Lösungen zu S. 55:
1 Qu'est-ce que fait la famille Davranche? (Que fait ...). 2 L'auteur nous raconte ce que fait la famille Davranche le dimanche. 3 Qu'est-ce que l'oncle Jules a écrit? 4 Mme Davranche raconte ce que Jules a écrit. 5 Qu'est-ce que le renard veut? (Que veut ...) 6 Le corbeau ne comprend pas ce que le renard veut. 7 Qu'est-ce que le renard admire?

Test

Barrez ce qui est faux. Juste:

Exemple:
Personne ne sait ce qu'ils ont fait. (1) [1]
~~Personne ne sait pas ce qu'ils ont fait.~~ (2)

Ils ne demandent pas quelque chose au patron. (3) [ ]
Ils ne demandent rien au patron. (4)

Julien n'aide pas quelqu'un. (5) [ ]
Julien n'aide personne. (6)

Ne personne sur le bateau doit savoir … (7) [ ]
Personne sur le bateau doit savoir … (8)
Personne sur le bateau ne doit savoir … (9)
… qui est ce matelot.

Elle ferme les yeux
pour ne voir pas la catastrophe. (10) [ ]
pour ne pas voir la catastrophe. (11)

La jeune fille est encore là.
Elle ne s'est levée pas. (12) [ ]
Elle ne s'est pas levée. (13)

Personne ne la voit pas. (14) [ ]
Personne ne la voit. (15)

Il essaie de ne pas faire trop de bruit. (16) [ ]
Il essaie de ne faire pas trop de bruit. (17)

Rien n'a été pas plus facile. (18)
Rien n'a pas été plus facile. (19) [ ]
Rien n'a été plus facile. (20)

Lösungen siehe S. 78.

Die **Personalform** eines Verbs wird verneint:
Ne steht vor der Personalform, *pas* dahinter.

Elle n' est pas là.

Der **Infinitiv** wird verneint:
Ne pas steht vor dem verneinten Infinitiv.

Elle se dépêche pour ne pas être en retard.

Employez *ne pas.* — Verneinen Sie:

1. Je ______ vous inquiéter[1]. — veux
2. Je n'ai rien dit pour ______ . — vous inquiéter
3. Le valet[2] ______ fâcher[3] son maître. — veut
4. Le valet fait tout pour ______ son maître. — fâcher
5. Il ______ risquer sa vie. — veut
6. Il préfère ______ risquer sa vie. — risquer
7. Elle ______ mentir. — a voulu
8. Elle s'est tue[4] pour ______ de mentir. — être obligée

Lösungen siehe S. 76.

[1] inquiéter	beunruhigen	[3] fâcher	verärgern
[2] le valet	der Diener	[4] tu (taire)	geschwiegen

Lösungen zu S. 56 und 57:
1 Tous ceux que Julien connaît. 2 Tous ceux qui le connaissent. 3 Après tout ce qui s'est passé. 4 Voici les lettres. Ce sont toutes celles qu'il a reçues. 5 Tout ce qui lui reste sont les souvenirs. 6 Je résume tout ce qu'Argon dit.
1, 2, 5, 6, 8, 10, 11, 12, 14, 15, 17, 19.

Wie wird **nichts** ins Französische übersetzt?

Subjekt: rien ne … (Ohne … *pas*!)
Objekt: ne … rien
Allein stehend: rien

Rien ne se passe. (*Rien ne* ist Subjekt.)
Elle n'a rien dit. (*Elle* ist Subjekt.)
Elle a dit quelque chose?
Non, rien. (Allein stehend.)

1. Elle a compris quelque chose? Subjekt:

   Non, elle ______. ______

2. Elle a vu quelque chose?

   Non, elle ______. ______

3. Quelque chose lui manque?

   Non, ______. ______

4. Y a-t-il quelque chose à ajouter?

   Non, ______. ______

5. Elle a peur de quelque chose?

   Non, ______. ______

6. Quelque chose est plus beau?

   Non, ______. ______

Lösungen siehe S. 79.

Lösungen zu S. 58:
1 Il/Elle parle de sa jeunesse. 2 Il/Elle pense à son avenir. 3 C'est son opinion.
4 Ce sont ses parents. 5 Il/Elle raconte son voyage. 6 C'est son fils.

Wie wird **niemand** ins Französische übersetzt?

Subjekt: personne ne ... (Ohne ... *pas*!)
Objekt: ne ... personne
Allein stehend: personne

Personne n'est venu. (*Personne ne* ist Subjekt.)
On ne voit personne. (*On* ist Subjekt.)
Qui est là?. Personne. (Allein stehend.)

1. Quelqu'un connaît ce monsieur? Subjekt:

   Non, ______________________. ________

2. Quelqu'un le sait?

   Non, ______________________. ________

3. On cherche quelqu'un?

   Non, ______________________. ________

4. Maigret y connaît quelqu'un?

   Non, ______________________. ________

5. Y a-t-il quelqu'un sur la terrasse?

   Non, ______________________. ________

6. Quelqu'un l'a vu dans le jardin?

   Non, ______________________. ________

Lösungen siehe S. 79.

Lösungen zu S. 59:
1 C'est mon opinion. 2 à mon avis, 3 son objection, 4 Son argumentation ... 5 son intention, 6 cacher sa mauvaise intention, 7 mon idéal, 8 Son idée ... 9 son aversion, 10 son émotion.

Test

Barrez ce qui est faux. Juste:

Exemple:
Marius aime la mer
~~depuis il avait dix-sept ans.~~ (1)
depuis qu'il avait dix-sept ans. (2) [2]

Après Julien a sonné, on lui ouvre la porte. (3)
Après que Julien a sonné, on lui ouvre la porte. (4) [ ]

Alain attend …
… jusqu'à ses camarades arrivent. (5)
… jusqu'à ce que ses camarades arrivent. (6) [ ]

Après Candide est chassé du château, il devient soldat. (7)
Après que Candide est chassé du château, il devient soldat. (8) [ ]

Si Candide était plus courageux, il se serait mieux défendu. (9)
Si Candide serait plus courageux, il s'était mieux défendu. (10) [ ]

Cet argument me paraît absurde,
mais si on le prendrait au sérieux … (11)
mais si on le prenait au sérieux … (12) [ ]

Quand il regarde la jeune fille, … (13)
En regardant la jeune fille, … (14) [ ]
… Frédéric est heureux.

Quand la jeune fille lui sourit, … (15)
En lui souriant, … (16) [ ]
… Frédéric rougit.

Lösungen siehe S. 80.

Lösungen zu S. 60:
1 Les parents et leurs enfants. 2 Les parents et leur fille. 3 Les enfants vivent chez leurs parents. 4 Ils expliquent leurs projets. 5 Ils expliquent leur intention. 6 Ses deux sœurs et leurs amis. 7 Olivier et Luc me montrent leur amitié. 8 Les Davranche parlent souvent de leur oncle. Il est leur seul espoir. 9 Les deux poètes restent seuls avec leurs sentiments et leurs souvenirs.

Im Deutschen können einige Präpositionen auch als Konjunktionen gebraucht werden.

	Präposition	Konjunktion
bis:	**Bis** morgen	**Bis** er kommt
während:	**Während** der Abwesenheit	**Während** er abwesend war

Im Französischen werden Präposition und Konjunktion unterschieden.

bis:	jusqu'à	jusqu'à **ce que**	+ Nebensatz (Gliedsatz)
während:	pendant	pendant **que**	
vor/bevor:	avant	avant **que**	
nach/nachdem:	après	après **que**	
seit/seitdem:	depuis	depuis **que**	

jusqu'à demain — jusqu'à ce qu' il vienne
pendant son absence — pendant qu' il était absent

1. Maigret a téléphoné plusieurs fois

_________________ son séjour[1] à Lille. — pendant / pendant que

_________________ il a été à Lille. — "

_________________ son voyage. — "

2. Mme de Renâl est triste

_________________ Julien est parti. — depuis / depuis que

_________________ son départ. — "

_________________ elle reste seule. — "

3. Le lion mourant reste calme

_________________ l'âne[2] stupide arrive. — jusqu'à / jusqu'à ce que

Lösungen siehe S. 80.

[1] le séjour — der Aufenthalt [2] l'âne (m.) — der Esel

Im **realen** si-Satz, der sich auf die **Gegenwart** bezieht, steht das **Präsens.**
Im Hauptsatz steht das Präsens oder das Futur.

Wenn ich richtig verstehe ...
Si je comprends bien ... (Wie im Deutschen.)

Im **irrealen** si-Satz, der sich auf die **Gegenwart** bezieht, steht das **Imparfait!**
Im Hauptsatz steht dann das Konditional.

Wenn ich (jetzt) reich wäre ...
Si j' étais riche ... (Abweichend vom Deutschen.)

1. Wenn er vorsichtiger wäre ...

   S'il ____________ plus prudent ...

2. Wenn sein Vater recht hätte ...

   Si son père ____________ raison ...

3. Wenn Sylvie hier wäre, würde Luc mit ihr tanzen.

   Si Sylvie ____________ là, Luc ____________ avec elle.

4. Die Argumentation bleibt unklar. – L'argumentation reste vague.
   Aber wenn der Autor Beispiele gebrauchen (employer) würde, wäre der Text überzeugender.

   Mais si l'auteur ____________ des exemples, le texte

   ____________ plus convainquant.

5. Dieses Gedicht ist zu lang. – Ce poème est trop long.
   Wenn es kürzer wäre, würde es mir besser gefallen (plaire).

   S'il ____________ plus court, il me ____________ davantage.

Lösungen siehe S. 81.

Lösungen zu S. 61:
2, 5, 8, 10, 12, 14, 16, 18, 19.

Ein **Temporalsatz** mit *quand, pendant que* sollte durch ein Gerundium *(gérondif)* ersetzt werden. Das ist aber nur möglich, wenn der Temporalsatz und der Hauptsatz **das gleiche Subjekt** haben.

Maigret entre dans le bureau, pendant qu'il salue les employés.

Maigret entre dans le bureau, en saluant les employés.

Ersetzen Sie den Temporalsatz durch ein *gérondif,* wenn das möglich ist.

1. Quand il donne de l'argent au mendiant[1], Joseph se souvient de son oncle.

2. L'auteur nous dit ce qu'il ressent[2], quand il observe la belle fille.

3. Quand l'auteur va à bord de l'avion, on lui demande sa carte d'accès à bord.

4. Quand Maigret se promène au bord de la Seine, un inconnu[3] le salue.

5. Le corbeau «ne se sent pas de joie», quand il entend la flatterie[4] du renard.

Lösungen siehe S. 83.

[1] le mendiant	der Bettler	[3] un inconnu	ein Unbekannter
[2] ressentir	empfinden	[4] la flatterie	die Schmeichelei

Test

Barrez ce qui est faux. Juste:

Exemple:

~~Marius dois réaliser ses rêves.~~	(1)	2
Marius doit réaliser ses rêves.	(2)	
Je peut le comprendre.	(3)	☐
Je peux le comprendre.	(4)	
Son père ne le comprends pas.	(5)	☐
Son père ne le comprend pas.	(6)	
Je crois que Fanny a raison.	(7)	☐
Je croit que Fanny a raison.	(8)	
Un moment plus tard, le père lui réponds.	(9)	☐
Un moment plus tard, le père lui répond.	(10)	
Elle voit son ami, qui est triste.	(11)	☐
Elle vois son ami, qui est triste.	(12)	
C'est Olivier qui viens seul.	(13)	☐
C'est Olivier qui vient seul.	(14)	
Je ne le comprends pas du tout.	(15)	☐
Je ne le comprend pas du tout.	(16)	
Il veux s'amuser, rien d'autre.	(17)	☐
Il veut s'amuser, rien d'autre.	(18)	
Je doit dire que c'est faux.	(19)	☐
Je dois dire que c'est faux.	(20)	
Zadig demand au juge …	(21)	
Zadig demande au juge …	(22)	☐
Zadig demandes au juge …	(23)	
L'Hébreu crit.	(24)	☐
L'Hébreu crie.	(25)	

Lösungen siehe S. 84.

Lösungen zu S. 62:
1 On m'a reçu cordialement. 2 Un accueil cordial. 3 Elle est affectueuse et cordiale. 4 Donner une réponse polie. 5 Il faut répondre poliment. 6 Luc est poli envers les dames. 7 Elle refuse poliment l'invitation. 8 C'est une histoire vraie. 9 Je suis vraiment très surpris. 10 C'est une différence énorme.

Beachten Sie den Gebrauch der **Endungen** im Präsens und im Imperativ Singular.

Verben auf *-er:*		Sonstige Verben:	
j'	accepte	je	crois
tu	acceptes	tu	crois
il/elle	accepte	il/elle	croit

Imperativ:

accepte!	crois!

1. Que fai___-tu?
2. Que fai___-il?
3. Que di___-tu?
4. Que di___-elle?
5. Tu la voi___?
6. Il la voi___?
7. Elle le sai___ déjà.
8. Tu le sai___ aussi?
9. Tu ne vien___ pas?
10. Il ne vien___ pas non plus?
11. Je ne le croi___ pas.
12. Elle ne le croi___ pas.
13. J'entend___.
14. Elle entend___.
15. Elle écout___.
16. Tu vien___?
17. Elle arriv___.
18. Elle vien___.
19. Je le regard___.
20. Je le voi___.

Lösungen siehe S. 94.

Lösungen zu S. 63:
1 Ce passage seul / Seul ce passage est important. 2 L'auteur répète seulement ce qu'il a déjà dit. 3 Colette seule / Seule Colette a si bien décrit les chats.
4 Elle seule pouvait comprendre son âme. 5 La Fontaine seul / Seul La Fontaine a critiqué Louis XIV dans ses fables. 6 Lui seul a écrit des fables célèbres. 7 Il a écrit d'autres œuvres, pas seulement des fables.

Im Präsens Singular und Plural gibt es **unregelmäßige Endungen.**

pouvoir:	je peux,	tu peux,	il/elle peut	dire: vous dites
vouloir:	je veux,	tu veux,	il/elle veut	être: vous êtes
				faire: vous faites

1. V_______-tu voir les photos?
2. Je p_______ te les montrer.
3. Que v_______-tu comme cadeau[1]?
4. Je v_______ un pull.
5. V_______-tu m'accompagner?
6. Moi, je v_______ bien.
7. Tu p_______ encore marcher?
8. Je suis fatigué, je ne p_______ plus marcher.
9. On ne p_______ pas faire autrement.
10. Vous ê_______ d'accord?
11. Que d_______-vous?
12. Vous f_______ une erreur[2]. Attention!

Lösungen siehe S. 94.

[1] le cadeau das Geschenk [2] une erreur ein Irrtum

Lösungen zu S. 64:
1 Dors bien. – Toi aussi. 2 C'est aussi mon avis. 3 Mon père n'est pas content. Moi non plus. 4 Luc était là. Sandrine aussi. 5 Elle est toujours aimable; aussi (c'est pourquoi) tout le monde l'aime. 6 M. Davranche ne le savait pas non plus. 7 Cet argument aussi est convainquant. 8 Aussi il n'y a plus de doutes.

Die Formen von *appeler* werden mit *-ll-* geschrieben:
1. im Präsens (außer 1. und 2. Person Plural),
2. im Futur und im Konditional.

			Ebenso:
j'	appe**ll**e		
tu	appe**ll**es		rappeler (erinnern)
il/elle	appe**ll**e		renouveler (erneuern)
		nous appelons	ruisseler (triefen)
		vous appelez	
ils/elles	appe**ll**ent		

1. Il s'appe_____e Lucien?

2. Il dit que son ami s'appe_____e Marc.

3. Il faut appe_____er un médecin.

4. Appe_____e un taxi.

5. On a déjà appe_____é la police.

6. Je me rappe_____e tous les détails.

7. Tu te rappe_____es son numéro de téléphone?

8. C'est ce qu'on appe_____e une bêtise.

9. Rappe_____ez votre chien!

10. Le mot «appe_____er» s'écrit avec deux p.

Lösungen siehe S. 94.

Lösungen zu S. 66:
1 Je ne veux pas vous inquiéter. 2 Je n'ai rien dit pour ne pas vous inquiéter. 3 Le valet ne veut pas fâcher son maître. 4 Le valet fait tout pour ne pas fâcher son maître. 5 Il ne veut pas risquer sa vie. 6 Il préfère ne pas risquer sa vie. 7 Elle n'a pas voulu mentir. 8 Elle s'est tue pour ne pas être obligée de mentir.

Test

Barrez ce qui est faux. Juste:

Exemple:

~~Elle a venu trop tard.~~	(1)	
~~Elle est venu trop tard.~~	(2)	3
Elle est venue trop tard.	(3)	
elle s'a dépêché	(4)	☐
elle s'est dépêchée	(5)	
tous les touristes sont été malades	(6)	☐
tous les touristes ont été malades	(7)	
Après son service militaire,		
… il est été en Afrique.	(8)	☐
… il a été en Afrique.	(9)	
il a voyagé en Afrique	(10)	☐
il est voyagé en Afrique	(11)	
Le chasseur a tiré,		
… et le lion a tombé.	(12)	☐
… et le lion est tombé.	(13)	
Il s'a caché derrière un arbre.	(14)	☐
Il s'est caché derrière un arbre.	(15)	
ensuite, elle a disparu	(16)	☐
ensuite, elle est disparue	(17)	
Voici une question qui s'a posé.	(18)	☐
Voici une question qui s'est posée.	(19)	
Elle a été à Rome.	(20)	☐
Elle est été à Rome.	(21)	

Lösungen siehe S. 94.

Einige Verben bilden das Perfekt und das Plusquamperfekt mit *être*.

aller	(gehen, fahren)	demeurer	(bleiben)
venir	(kommen)	rester	(bleiben)
arriver	(ankommen)		
partir	(losgehen, -fahren)	monter*	(hinaufgehen)
retourner*	(zurückkommen)	descendre*	(herunterkommen)
		tomber	(fallen)
entrer*	(hereinkommen)		
sortir*	(hinausgehen)	naître	(geboren werden)
		mourir	(sterben)

Le train est arrivé.
Les voyageurs sont descendus.

* Diese Verben können auch ein Objekt haben, dann werden sie mit *avoir* gebildet: J'**ai** descendu **ma valise.**

1. Frédéric ______ arrivé.
2. „ ______ venu.
3. „ ______ resté deux heures.
4. „ ______ voyagé en Italie.
5. „ ______ nagé.
6. „ ______ allé en ville.
7. „ ______ couru.
8. „ ______ entré au bar.
9. „ en ______ sorti.
10. „ ______ sorti sa moto du garage.

Lösungen siehe S. 95.

Lösungen zu S. 65: 1, 4, 6, 9, 11, 13, 15, 16, 20.

Alle **reflexiven Verben*** werden mit *être* gebildet.

Je **me** suis ennuyé.
Elle **s'** est amusée.

(Im Deutschen werden alle reflexiven Verben mit **haben** gebildet:
Ich **habe** mich gelangweilt. Sie **hat** sich amüsiert.)

* Reflexive Verben bilden den Infinitiv mit *se*: s'ennuyer, s'amuser, se moquer.

Übersetzen Sie.

1. Er hat sich lange mit dieser Angelegenheit beschäftigt. (s'occuper)

   ____

2. Er hat sich über diesen Vorschlag lustig gemacht. (se moquer)

   ____

3. Sie hat sich viel Mühe gegeben. (se donner de la peine)

   ____

4. Sie hat sich an seinen Namen erinnert. (se rappeler)

   ____

5. Sie haben sich verlobt. (se fiancer)

   ____

6. Nach dem langen Spaziergang haben wir (on) uns ausgeruht. (se reposer)

   ____

Lösungen siehe S. 95.

Lösungen zu S. 67 und 68:
1 Non, elle n'a rien compris (elle). 2 Non, elle n'a rien vu (elle). 3 Non, rien ne lui manque (rien). 4 Non, il n'y a rien à ajouter (il). 5 Non, elle n'a peur de rien (elle). 6 Non, rien n'est plus beau (rien).
1 Non, personne ne connaît ce monsieur (personne). 2 Non, personne ne le sait (personne). 3 Non, on ne cherche personne (on). 4 Non, Maigret n'y connaît personne (Maigret). 5 Non, il n'y a personne sur la terrasse (il). 6 Non, personne ne l'a vu dans le jardin (personne).

Die Hilfsverben *avoir* und *être* bilden das Perfekt und das Plusquamperfekt mit *avoir.*

avoir:	**être:**
Elle a eu.	Elle a été.
J' ai eu.	J' ai été.

(Im Deutschen wird sein mit sein gebildet:
Sie **ist** gewesen. Ich **bin** gewesen.)

Übersetzen Sie.

1. Wo bist du in den Ferien gewesen?

___

2. Ich bin in Paris gewesen.

___

3. Luc ist in Arcachon gewesen.

___

4. Das Wetter ist schön gewesen.

___

5. Er hat viel Spaß gehabt.

___

6. Sylvie und Sandrine sind zusammen in Italien gewesen.

___

7. Sie sind den ganzen Tag am Strand gewesen (sur la plage).

___

Lösungen siehe S. 95.

Lösungen zu S. 69 und 70:
2, 4, 6, 8, 9, 12, 13, 14, 15.
1 pendant son séjour à Lille / pendant qu'il a été à LIlle / pendant son voyage,
2 depuis que Julien est parti / depuis son départ / depuis qu'elle reste seule,
3 jusqu'à ce que l'âne stupide arrive.

Test

Barrez ce qui est faux. Juste:

Exemple:

~~Sa mère est arrivé une heure après.~~	(1)	2
Sa mère est arrivée une heure après.	(2)	
Mme Davranche ne veut pas être reconnu.	(3)	☐
Mme Davranche ne veut pas être reconnue.	(4)	
Les hommes lui ont raconté leur voyage en Amérique.	(5)	☐
Les hommes lui ont racontés leur voyage en Amérique.	(6)	
Ils ont bu du rhum.	(7)	☐
Ils ont bus du rhum.	(8)	
Ils parlent des pays qu'ils ont visité.	(9)	☐
Ils parlent des pays qu'ils ont visités.	(10)	
Ses sœurs sont resté jusqu'à minuit.	(11)	
Ses sœurs sont restés jusqu'à minuit.	(12)	☐
Ses sœurs sont restées jusqu'à minuit.	(13)	
Une jeune fille était en danger.		
Frédéric l'a sauvé.	(14)	☐
Frédéric l'a sauvée.	(15)	
Combien de spectateurs sont arrivent?	(16)	
Combien de spectateurs sont arrivé?	(17)	☐
Combien de spectateurs sont arrivés?	(18)	
Voici l'argent …		
… qu'il a prêté à la famille.	(19)	
… qu'il a prêtés à la famille.	(20)	☐
Voici les dix mille francs …		
… qu'il a prêtés à la famille.	(21)	

Lösungen siehe S. 95.

Lösungen zu S. 71:
1 S'il était plus prudent … 2 Si son père avait raison … 3 Si Sylvie était là, Luc danserait avec elle. 4 Mais si l'auteur employait des exemples, le texte serait plus convainquant. 5 S'il était plus court, il me plairait davantage.

Lernen Sie diese Partizip-Perfekt-Formen, bei denen sehr oft Fehler gemacht werden.

1. Formen, deren Endung [i] gesprochen, aber *-is* oder *-it* geschrieben wird:

assis	conduit, construit, détruit, produit
mis, permis, promis	dit, interdit
pris, appris, compris	écrit, décrit

2. Formen auf *-t* (obwohl der Infinitiv mit *-d-* geschrieben wird):

atteint	(atteindre)	éteint	(éteindre)
craint	(craindre)	plaint	(plaindre)

3. Auffällig sind auch die Formen:

dû (m.)	due (f.)	(devoir)
mort (m.)	morte (f.)	(mourir)
né (m.)	née (f.)	(naître)

1. Il a __________ la question. (comprendre)
2. Il a __________ tout. (promettre)
3. Mme de Sévigny a __________ cette lettre. (écrire)
4. L'auteur a __________ le beau paysage. (décrire)
5. Il s'est __________ de sa misère. (plaindre)
6. Il a __________ la lumière. (éteindre)
7. Il a __________ le pire. (craindre)
8. Il a __________ soigner son père malade. (devoir)
9. Molière est __________ à Paris. (naître)
10. Il est __________ après la troisième représentation de son «Malade imaginaire». (mourir)

Lösungen siehe S. 95.

Das mit *être* verbundene Partizip Perfekt richtet sich nach dem Subjekt.

Luc	est	arrivé	à 9 heures.
Sing., Mask.			
Sylvie	est	arrivé**e**	à 9 heures.
Sing., Fem.			
Luc et Sylvie	sont	arrivé**s**	à 9 heures.
Plural			
Sylvie et Sandrine	sont	arrivé**es**	à 9 heures.
Plural, Fem.			

		Partizip Perfekt:	
1.	aller	allé	Marius et Fanny sont ________ au bar.
2.	rester	________	Fanny y est ________ une heure.
3.	venir	________	Combien de clients sont ________?
4.	naître	________	Vous savez où Mme Dubois est ________?
5.	"	________	Elle est ________ à Rennes.
6.	passer	________	Elle a ________ sa jeunesse à Nantes.
7.	construire	________	Cette église a été ________ au XIIe siècle.
8.	détruire	________	Elle a été ________ en 1793.
9.	retrouver	________	Cette voiture volée a été ________ .
10.	pouvoir	________	La police a ________ arrêter les voleurs.

Lösungen siehe S. 95.

Lösungen zu S. 72:
1 En donnant de l'argent au mendiant, Joseph se souvient de son oncle. 2 L'auteur nous dit ce qu'il ressent en observant la belle fille. 3 – 4 – 5 Le corbeau «ne se sent pas de joie», en entendant la flatterie du renard.

Das mit *avoir* verbundene Partizip Perfekt bleibt normalerweise unverändert. Geht jedoch ein direktes Objekt voraus, richtet sich das Partizip nach diesem. (In den meisten Fällen ist es: *la, les, que*!)

Le fils n'a pas accepté **la décision,**

↓

que son père a pris**e**.

↓

Le fils ne **l'** a pas accepté**e**.

1. Voici le roman que j'ai lu_____ .
2. Les derniers chapitres que j'ai lu_____ sont intéressants.
3. La première partie que j'ai lu_____ était moins intéressante.
4. Tu connaissais déjà cette anecdote amusante que Luc a raconté_____?
5. Tu as entendu _____ cette interview que la radio a diffusé[1]_____?
6. Oui, je l'ai entendu_____ .
7. Vous avez lu_____ le reportage que «Le Monde» a publié_____?
8. Sa position est claire. Mais les autres ne l'ont pas accepté_____ .
9. Maigret demande: Vous avez reçu_____ cette lettre?
10. Oui, je l'ai reçu_____ .
11. Mais ses intentions (f.), je ne les ai pas compris_____.
12. Patrick Bruel parle dans sa chanson d'une belle fille,

    qu'il a vu_____ dans la salle d'attente[2].

Lösungen siehe S. 95.

[1] diffuser senden

[2] la salle d'attente der Warteraum

Lösungen zu S. 73:
2, 4, 6, 7, 10, 12, 14, 15, 18, 20, 22, 25.

Révision

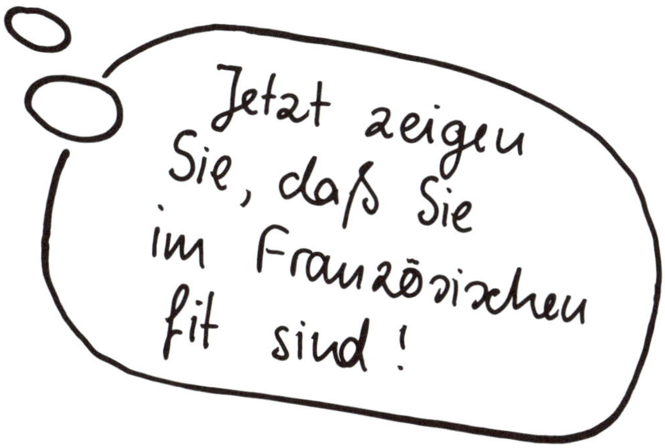
Jetzt zeigen Sie, daß Sie im Französischen fit sind!

AIR FRANCE
CARTE D'ACCÈS A BORD
BOARDING PASS
NO SMOK
137
LUEBKE
EMBARQUEMENT
BOARDING
21 H 40
HEURE/TIME
BAGAGES
BAGGAGE
IDENTIFICATION
CORRESPONDANCE
CONNECTING FLIGHT
04 JAN
PAR M
AF 237
FLIGHT
20J
20 J
SIÈGE/SEAT
6
PORTE/GATE

Haben Sie diese Lernhilfe erfolgreich durchgearbeitet? Die Aufgaben einer Klausur und Ausschnitte aus Klausuren von Oberstufen-Schülern und Schülerinnen geben Ihnen jetzt Gelegenheit, Ihre Kenntnisse zu überprüfen.

Lesen Sie zunächst die beiden französischen Originaltexte mit den entsprechenden Aufgaben. Bearbeiten Sie dann die Abschnitte aus den Klausuren.

Patrick Bruel: **La fille de l'aéroport**

Assis en salle d'embarquement	la salle d'attente
Ça fait deux heures que j' fais semblant	
D' lire un bouquin, j' suis incapable	le livre (langue familière)
De vous dire même de quoi ça parle	
La fille assise en face de moi	
Prend un air détaché je crois	prendre un air indifférent
P' têt' même qu'elle prend l' même avion qu' moi	peut-être
P' têt' même qu'elle va dans la même ville que moi	
Refrain:	
La fille, fille, fille de l'aéroport	
Cette fille, fille, fille, j'y pense encore	
Attention v' là qu'on appelle un avion, p' têt le sien	
Pourvu qu'elle se lève pas, j' ferme les yeux, j' dis plus rien	
1, 2, 3, 4, 5, 6, 7, 8, 9, 10, j'ouvre les yeux	
Elle n'a pas bougé, v' là qu'elle me fixe, c'est tout bleu	elle a des yeux bleus
Qu'est-ce que je peux faire bon dieu pour m' donner une contenance	devenir
Tiens, si j' prenais un stylo pour écrire tout c' que je pense	tranquille
J'aurais l'air d'un poète et p' têt' qu'elle aimerait ça	
Et même si c'est nul j' m'en fous, elle le lira pas!	c'est sans valeur
Y a des phrases dans la vie que l'on oublie jamais	cela m'est égal
Pour moi ce sera «le vol pour Kingston, Porte B»	
Elle s'est levée avec son sac rose sur l'épaule	
Et a regardé tout autour d'elle dans le hall,	
Elle m'aurait pas souri je crois que j' m'en s' rais sorti	
En plus le genre de p' tit sourire qui t' dit «c'est la vie!»	
Quand elle a disparu derrière le grand panneau bleu	
Il ne me restait plus que l' souvenir de ses yeux.	
Il faut quand même que j' vous raconte la fin de mon histoire	
Elle avait disparu, elle s' promenait dans ma mémoire	
Quand l'hôtesse m'a demandé mon carton d'embarquement	(Bordkarte)
Moi, sans réfléchir, j' l'ai tendu machinalement	donner, présenter

C'est une fois dans l'avion, pensant toujours au sac rose
Que je m' suis aperçu qu'il m' manquait le petit carton rose
Sur lequel j'avais écrit, sans doute, ma plus belle œuvre
Résultat, plus de fille et plus de trace du chef-d'œuvre — plus rien

Hôtesse de l'air: «Le chanteur remercie l'hôtesse de l'air
d'avoir bien voulu renvoyer le carton d'embarquement
pour que la chanson puisse exister.»

Gérard de Nerval: **Une allée du Luxembourg**

Elle a passé, la jeune fille
Vive et preste comme un oiseau: — prompte et vive
A la main une fleur qui brille,
A la bouche un refrain nouveau. — la chanson

C'est peut-être la seule au monde
Dont le cœur au mien répondrait,
Qui venant dans ma nuit profonde
D'un seul regard l'éclaircirait! ... — apporter de la lumière

Mais non, – ma jeunesse est finie ...
Adieu, doux rayon qui m'as lui, – — luire: briller, donner de la lumière
Parfum, jeune fille, harmonie ...
Le bonheur passait, – il a fui. — fuire: s'éloigner très vite
(1832)

1. Distinguez les deux parties de la chanson.
2. Comment l'auteur décrit-il la fille?
3. Quels sont les sentiments de l'auteur? Comment les exprime-t-il? (Par exemple: par quelles activités?)
4. Dans la chanson se trouvent plusieurs traits comiques. (Analysez en particulier la fin.)
5. Comparez la chanson de Bruel avec le poème de Nerval.

Vervollständigen Sie die Klausuren. Die Stichworte links zeigen Ihnen, worauf es ankommt.
(Die Lösungen der Révision finden Sie auf S. 94.)

1. Distinguez les deux parties de la chanson.

	Dans la chanson «La fille de l'aéroport» de
pronom personnel (es)	Patrick Bruel, ________ s'agit d'un jeune
	homme, qui se trouve à l'aéroport, dans la
	salle d'attente. Une fille est assise en face
pronom personnel objet (ihm)	de ________. Il ________ trouve très belle.
pronom personnel objet (sie)	Dans la première partie de la chanson, l'au-
pronom personnel objet (uns)	teur ________ décrit la fille. Il ________
pronom personnel objet (sie) pronom personnel objet (sie)	regarde, pendant deux heures, il ________
	observe, ses yeux bleus, son sac rose. Il
	espère qu'elle prendra le même avion que
pronom personnel objet (er)	________, mais il est trop timide pour
pronom personnel objet (sie)	adresser la parole à ________.
	Dans la deuxième partie, l'auteur ________
pronom personnel objet (uns)	raconte la fin de l'histoire. Il a écrit ses
	sentiments sur la carte d'accès à bord; et
pronom personnel objet (sie)	il ________ a donnée, «machinalement»,
pronom personnel objet (es)	à l'hôtesse. Quand il ________ remarque,
pronom démonstratif (es)	________ n'est pas trop tard: l'hôtesse de
pronom personnel objet (ihm)	l'air ________ renvoie son chef-d'œuvre.

(Kai L., lycéen)

2. Comment l'auteur décrit-il la fille?

	On voit clairement que, pour l'auteur, cette fille est très belle, très intéressante: il la re-
pronom relatif (die)	garde tout le temps. La fille, ________ est assise en face de lui, «prend un air détaché» (vers 6), elle ne fait pas attention à l'au- teur. Quelque temps plus tard, elle le fixe;
adjectif possessif (ihre) pronom relatif (die) adjectif possessif (ihre)	l'auteur admire ________ yeux, ________ sont bleus: il est fasciné par ________ beauté.
	Quand elle se lève pour aller à bord de
adjectif possessif (ihr) adjectif possessif (ihre) adjectif possessif (ihre)	________ avion, l'auteur voit ________ sac rose, sur ________ épaules. Est-ce que l'auteur aperçoit un petit sourire dans
adjectif possessif (ihr)	________ visage?
adjectif possessif (ihr)	Après ________ disparition derrière un grand panneau bleu, le jeune homme pense toujours aux yeux de la jeune fille. Il gar-
adjectif possessif (sein)	dera dans ________ mémoire la couleur
adjectif possessif (ihren)	bleue de ________ yeux et la couleur rose
adjectif possessif (ihrer)	de ________ sac.

(Ina F., lycéenne)

3. Quels sont les sentiments de l'auteur? Comment les exprime-t-il?
Employez l'indicatif ou le subjonctif.

	Indicatif:	Subjonctif:	
			Il n'y a pas de doute que l'auteur
être	est	soit	________________ tombé amoureux de cette fille. Il est incapable de lire un livre. Quel avion est-ce que cette fille va prendre?

	Indicatif:	Subjonctif:	
aller	______	______	Il espère qu'elle ______ prendre le même avion que lui. Peut-être va-t-elle dans la même ville. Tout à coup, on appelle un avion.
être	______	______	L'auteur a peur que ce ______ celui de la fille. Il ferme les yeux parce qu'il
vouloir	______	______	ne ______ pas voir que la fille
aller	______	______	s'en ______. Il compte jusqu'à dix; quand il ouvre les yeux, il est heureux que
être	______	______	la fille ______ encore là, assise en face de lui. Le poète est fasciné par les beaux yeux bleus: «C'est tout bleu» (vers 14). Ensuite le jeune homme amoureux demande
pouvoir	______	______	à Dieu ce qu'il ______ faire pour devenir plus calme. Il fait semblant d'être un poète, en écrivant ses sentiments sur le carton d'embarquement. L'auteur n'oubliera jamais la phrase «Le vol pour Kingston, Porte B», parce que c'est à
se lever	______	______	ce moment-là que la fille ______.
disparaître	______		Avant qu'elle ______ derrière
	______		un grand panneau bleu, elle «a regardé tout autour d'elle dans le hall» (vers 22), elle n'a pas souri à l'auteur. Celui-ci est seul, triste, malheureux: «Il ne me restait plus que l' souvenir de ses yeux».

(Anne B., lycéenne)

3. Quels sont les sentiments de l'auteur? Comment les exprime-t-il?

Employez le gérondif, si c'est possible.

En regardant la jeune fille tout le temps / Quand il regarde la jeune fille tout le temps …	______________________________ ______________________________ il est plein d'admiration pour elle.
En répétant le mot «fille» plusieurs fois dans le refrain / Quand il répète le mot «fille» plusieurs fois dans le refrain …	______________________________ ______________________________ ______________________________ il exprime qu'il est amoureux. Il veut se calmer, ______________________________ ______________________________
en écrivant ses sentiments sur le carton d'embarquement / quand il écrit ses sentiments sur le carton d'embarquement.	L'auteur désire vivement qu'elle reste en face de lui; il espère qu'elle prendra le même avion que lui. ________________
En appelant un avion / Quand on appelle un avion …	______________________________ , il est plein d'angoisse. Pour un moment, il ferme les yeux. Il est heureux, ________
en voyant / quand il voit …	______________________________ qu'elle n'a pas quitté la salle d'attente.
en partant / quand elle part …	Mais enfin, ______________________ , il est très triste. Il ne lui reste que le souvenir. (Sabine Sch., lycéenne)

4. Dans la chanson se trouvent plusieurs traits comiques.

Employez la négation «ne pas». manquer (présent)	Dès le début, l'auteur se trouve dans une situation qui ne manque pas de
adresser (présent)	comique. Pendant deux heures, il est assis en face de cette belle fille, mais il ________ ________________ la parole à elle.

avoir (présent, inversion)	Est-il trop timide? ____________
	____________ assez de courage?
savoir (présent)	Il fait semblant de lire, mais il ________
	____________ de quoi le livre parle.
	Il se donne l'air d'un poète (c'est comique,
	quand on se rappelle que c'est Bruel qui
lire (futur)	parle), mais il sait que cette fille ________
avoir (présent)	________ ses vers. Il ________
	de papier, il écrit ses vers sur la carte
	d'accès à bord (un autre petit détail
	comique). Aux vers 12 et 13, l'auteur
se comporter (présent)	____________ comme une personne
	raisonnable, mais comme un enfant: Quand
vouloir voir (présent)	on appelle un avion, il ____________
	que la fille quitte la salle d'attente; il ferme
	les yeux et compte jusqu'à dix. Ensuite il est
	heureux en voyant que la belle fille
bouger (passé composé)	____________ , elle ____________
quitter (passé composé)	sa place en face de l'auteur.
	La situation la plus comique se trouve à la
	fin: L'auteur est si troublé par le souvenir
faire attention (présent)	de cette belle fille, qu'il ____________
	________ en allant à bord.
conserver (présent)	Il ____________ son carton d'em-
	barquement, sur lequel il a écrit sa «plus
sembler se prendre (présent)	belle œuvre». L'auteur ____________
	au sérieux, en disant: «Résultat, plus de
	fille et plus de trace du chef-d'œuvre».
	(Ulli J., lycéenne)

5. Comparez la chanson de Bruel avec le poème de Nerval.

Accordez **les participes passés.**

Participe passé:	
	En comparant la chanson de Bruel avec le poème de Nerval, on trouve plusieurs ressemblances et différences.
	Le sujet est le même: Les deux auteurs
voir ___vu___	s'éprennent d'une jeune fille qu'ils ont ___vue___
fasciner ______	par hasard. Ils sont ______ par les yeux. Bruel (vers 26): «Il ne me restait plus que l' souvenir de ses yeux». Nerval (vers 7–8): «Qui venant dans ma nuit profonde D'un seul regard l'éclaircirait!» Une autre
trouver ______	ressemblance importante que j'ai ______
affliger ______	est que les deux auteurs sont ______,
pouvoir ______	parce qu'ils n'ont pas ______ faire la connaissance de la fille.
	Il y a beaucoup de différences: Le lieu de l'action est différent. Bruel voit la jeune fille dans la salle d'embarque-
rencontrer ______	ment; Nerval l'a ______ dans un jardin publique. Bruel la regarde longtemps: «Ça fait deux heures» (vers 2); la fille, que
passer ______	Nerval admire, est ______ vite. La
faire ______	description que Bruel a ______ de la fille ne souligne que deux détails: ses yeux bleus et son sac rose …

(Oliver B., lycéen)

Lösungen zur Révision:
1. Il s'agit – en face de lui – Il la trouve – l'auteur nous décrit – Il la regarde – il l'observe – le même avion que lui – la parole à elle – l'auteur nous raconte – il l'a donnée – Quand il le remarque – ce n'est pas – l'hôtesse de l'air lui renvoie.

2. La fille, qui est assise – l'auteur admire ses yeux, qui sont bleus – sa beauté – son avion – son sac rose, sur ses épaules – dans son visage – Après sa disparition – dans sa mémoire – de ses yeux – de son sac.

3. être: est/soit, que l'auteur est tombé
aller: va/aille, qu'elle va prendre
être: est/soit, que ce soit
vouloir: veut/veuille, parce qu'il ne veut pas
aller: va/aille, que la fille s'en va
être: est/soit, soit
pouvoir: peut/puisse, ce qu'il peut faire
se lever: se lève/se lève, que la fille se lève
disparaître: disparaît/disparaisse, avant qu'elle disparaisse

3. En regardant la jeune fille tout le temps ... – En répétant le mot «fille» plusieurs fois dans le refrain ... – en écrivant ses sentiments sur le carton d'embarquement – Quand on appelle un avion ... – en voyant ... – quand elle part.

4. qui ne manque pas – il n'adresse pas – n'a-t-il pas – il ne sait pas – cette fille ne lira pas ses vers – Il n'a pas – ne se comporte pas – il ne veut pas voir – n'a pas bougé – elle n'a pas quitté – qu'il ne fait pas attention – Il ne conserve pas – L'auteur ne semble pas se prendre au sérieux.

5. une jeune fille qu'ils on vue – Ils sont fascinés – une ressemblance importante que j'ai trouvée – les deux auteurs sont affligés – ils n'ont pas pu faire – Nerval l'a rencontrée – la fille est passée vite – La description que Bruel a faite.

Lösungen zu S. 74:
1 Que fais-tu? 2 Que fait-il? 3 Que dis-tu? 4 Que dit-elle? 5 Tu la vois? 6 Il la voit? 7 Elle le sait déjà. 8 Tu le sais aussi? 9 Tu ne viens pas? 10 Il ne vient pas non plus? 11 Je ne le crois pas. 12 Elle ne le croit pas. 13 J'entends. 14 Elle entend. 15 Elle écoute. 16 Tu viens? 17 Elle arrive. 18 Elle vient. 19 Je le regarde. 20 Je le vois.

Lösungen zu S. 75:
1 Veux-tu. 2 Je peux. 3 Que veux-tu. 4 Je veux. 5 Veux-tu. 6 je veux. 7 Tu peux. 8 je ne peux plus marcher. 9 On ne peut pas. 10 Vous êtes. 11 dites-vous. 12 Vous faites.

Lösungen zu S. 76:
1 Il s'appelle Lucien? 2 son ami s'appelle Marc, 3 appeler un médecin, 4 Appelle un taxi. 5 On a déjà appelé la police. 6 Je me rappelle ... 7 Tu te rappelles ... 8 on appelle une bêtise, 9 Rappelez votre chien! 10 Le mot «appeler» s'écrit avec deux p.

Lösungen zu S. 77:
3, 5, 7, 9, 10, 13, 15, 16, 19, 20.

Lösungen zu S. 78:
1 Frédéric est arrivé. 2 Frédéric est venu. 3 Frédéric est resté deux heures. 4 Frédéric a voyagé en Italie. 5 Frédéric a nagé. 6 Frédéric est allé en ville. 7 Frédéric a couru. 8 Frédéric est entré. 9 Frédéric en est sorti. 10 Frédéric a sorti sa moto du garage.

Lösungen zu S. 79:
1 Il s'est occupé longtemps de cette affaire. 2 Il s'est moqué de cette proposition. 3 Elle s'est donné beaucoup de peine. 4 Elle s'est rappelé son nom. 5 Ils se sont fiancés. 6 Après la longue promenade on s'est reposé.

Lösungen zu S. 80:
1 Où as-tu été pendant les vacances? 2 J'ai été à Paris. 3 Luc a été à Arcachon. 4 Le temps a été beau. 5 Il a eu beaucoup de plaisir. 6 Sylvie et Sandrine ont été ensemble en Italie. 7 Elles ont été toute la journée sur la plage.

Lösungen zu S. 81:
2, 4, 5, 7, 10, 13, 15, 18, 19, 21.

Lösungen zu S. 82:
1 Il a compris, 2 Il a promis, 3 Mme de Sévigny a écrit, 4 L'auteur a décrit, 5 Il s'est plaint, 6 Il a éteint, 7 Il a craint, 8 Il a dû, 9 Molière est né, 10 Il est mort.

Lösungen zu S. 83:
1 allé. Marius et Fanny sont allés au bar. 2 resté. Fanny y est restée une heure. 3 venu. Combien de clients sont venus? 4 né. Vous savez où Mme Dubois est née? 5. Elle est née à Rennes. 6 passé. Elle a passé sa jeunesse à Nantes. 7 construit. Cette église a été construite au XIIe siècle. 8 détruit. Elle a été détruite en 1793. 9 retrouvé. Cette voiture volée a été retrouvée. 10 pu. La police a pu arrêter les voleurs.

Lösungen zu S. 84:
1 Voici le roman que j'ai lu. 2 Les derniers chapitres que j'ai lus … 3 La première partie que j'ai lue … 4 … anecdote amusante que Luc a racontée? 5 Tu as entendu cette interview que la radio a diffusée? 6 Oui, je l'ai entendue. 7 Vous avez lu le reportage que «Le Monde» a publié? 8 Sa position est claire. Mais les autres ne l'ont pas acceptée. 9 Vous avez reçu cette lettre? 10 Oui, je l'ai reçue. 11 … je ne les ai pas comprises. 12 … une belle fille, qu'il a vue …

Quellenangabe:

S. 86: *Patrick Bruel, La fille de l'aéroport.* (paroles et musique de Patrick Bruel).

Handschriftliche Notizen von Sonja Becker, Frankfurt am Main.